我為什麼去法國上哲學課？

擺脫思考同溫層，拆穿自我的誠實之旅

褚士瑩——著

如果你手上唯一的工具是榔頭，那麼所有事物在你的眼中就會變成釘子。

——美國心理學家 Abraham H. Maslow

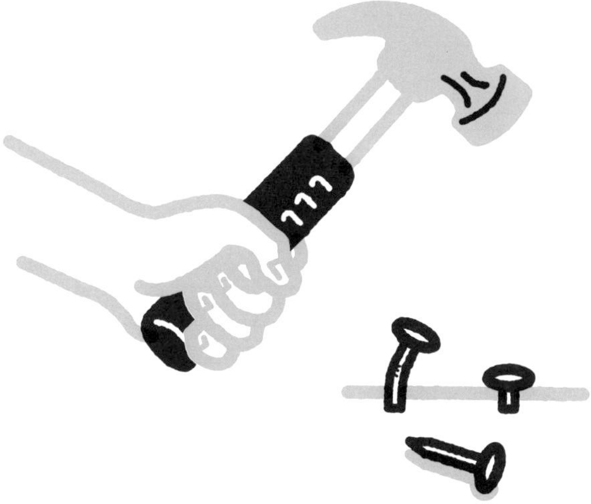

【推薦序】

貼近人心的「爲什麼」

律師／作家　呂秋遠

「如果只有理性，那世界就只剩下對錯，看不見別人現實的『不得已』。」

其實我很訝異，這句話竟然會成為阿北書中最後結語的一部分，畢竟許多人認為，哲學等於邏輯，或者等於理性。

我對於阿北這本哲學小書，會想要認同「不得已」三個字，略感驚訝。我之所以認為「略感驚訝」，是因為現實生活中，其實只有跟他吃過兩次飯，而且都是為了哲學課程的開課準備。由於我們不常見面，只是在網路上經常看到他的文章而已，因此對於阿北，僅止於網路上的認識居多。略感驚訝就很不好說，沒有期望，何來驚訝？

我對他的認識，或者說對於這本書的認識，主要來自於我們一起在文化大學進修推廣部合作的「奧斯卡・柏尼菲」哲學課程。這門課程由褚士瑩擔任講授，而由我擔任實際操作。可是，從開始他邀請我，我的質疑就是，「我對於奧斯卡完全不熟，你找我幹嘛？」但是阿北卻執著地認為，我提問的方式，接近他的哲學方法。我想了很久以後，發現或許應該是如此，原因是哲學與法律，其實都在尋求真相。

真相？什麼是真相？真相就是盡量貼近人心，而搜尋的方式，當然就是透過哲學或法律等理性的方式去探求。這種理性，並不是完全冷酷的法律條文或令人乏味的哲學體系，而是一種方法。這種方法就是不斷地釐清「為什麼」這三個字，透過這三個字，我們就可以越來越貼近真相，就像是波普（Karl Popper）一樣，在開放式的回應中，反覆的論證以後，得出我們究竟想要什麼。

閱讀這本書，大概不能讓人立刻大富大貴，但是可以讓自己的腦袋想得更清楚，或者說，成為一個想很多，也很會想的人，就像是阿北一樣。

【哲學練習測驗】

我究竟是「很會想」，還是「想很多」？

以下有十一個簡短的哲學問題，不妨可以測驗看看自己到底是「很會想」「想很多」，還是根本「沒在想」的人，每一題請選出一個答案，計分表跟說明在測驗之後。

Q1

「人生是什麼？」這個問題，我能否以一個確切的答案來回答？

- □ A 這是不可能的事。
- □ B 有可能，但是要先念幾年書再回答。
- □ C 可以，但是要給我一天時間，用兩千字來回答。
- □ D 當然可以，而且我知道怎麼用十個字說清楚。
- □ E 完全要看狀況。

Q2

「施比受更有福」這說法是對的。

- □ A 當然是對的。
- □ B 我知道有可能是對的，但是說不清楚道理，要先念幾年書再回答。
- □ C 可能是對的，也有可能是錯的，但是要給我一天時間，用兩千字來申論。
- □ D 我知道如何證明「施比受更有福」可以是錯的。
- □ E 完全要看狀況。

Q3

「自由」就是「沒有限制」，如果有「限制」，就不是「自由」。

- A 完全同意。
- B 同意但是說不出為什麼，要先念幾年書再回答。
- C 同意，而且我可以說清楚，但要給我一天時間，用兩千字來回答。
- D 不同意，而且我可以證明「限制可以讓我們更自由」。
- E 完全要看狀況。

Q4

我們對現實的認識，是否受到科學知識的侷限？

- A 不會啊！現實是可以用感受的，跟科學知識無關。
- B 有可能，但是說不清楚，要先念幾年書才能表達。
- C 當然是，而且我可以想到至少五個例子。
- D 當然不是，而且我可以找到證據證明。
- E 完全要看狀況。

Q5

藝術作品是否與其他日常生活一樣現實？

- A 藝術當然不是現實。
- B 藝術有可能是現實，但是我不會解釋，還要多念點書。
- C 我知道藝術可以是現實，但是要給我一天時間，用兩千字來回答。
- D 藝術當然就是現實，而且我可以想到至少五個例子來舉證。
- E 完全要看狀況。

Q6

人們能否擺脫偏見？

□ A 只要會思考當然就可以。
□ B 有可能，但是要看什麼樣的偏見。
□ C 可以，但是需要很多的公民教育。
□ D 當然可以，而且我都知道怎麼對抗每一個我所知道的偏見。
□ E 這是不可能的事。

Q7

人們是否可以有慾望而不痛苦？

□ A 這是不可能的事。
□ B 有可能，但是要念很多書的人才行。
□ C 我知道可以，我有實例，但是我說不出道理。
□ D 當然可以，而且我可以舉例說明有慾望而不痛苦，也能說明道理。
□ E 完全要看狀況。

Q8

歷史的客觀性是否須以歷史學者的公正為條件？

□ A 當然，所以歷史學者要有道德觀。
□ B 有可能，所以歷史學家必須要提出歷史證據。
□ C 不需要，因為歷史學者就算不公正，讀者還是可以看得出真相。
□ D 不需要，因為就算歷史學者公正，也根本不可能有客觀的歷史。
□ E 完全要看狀況。

Q9

人們能否不要國家？

- [ ] A 當然不行。這還需要問嗎？
- [ ] B 有可能，但是我說不出原因。
- [ ] C 可以，但是要給我一天時間，用兩千字來回答。
- [ ] D 當然可以，而且我知道為什麼人們可以不需要國家。
- [ ] E 完全要看狀況。

Q10

給予自己未來，是否應當忘記過去？

- [ ] A 忘記過去？這是不可能的事。
- [ ] B 忘記過去跟給予未來是不相干的事。
- [ ] C 我知道這是對的，但是要給我一天時間，用兩千字來回答。
- [ ] D 我知道為什麼人就算忘記過去，也不能夠給予自己未來。
- [ ] E 完全要看狀況。

Q11

我們活著是為了快樂嗎？

- [ ] A 這是不可能的事，因為「生即是苦」。
- [ ] B 有可能，但是我無法解釋，要先念幾年書再回答。
- [ ] C 可以，但是要給我一天時間，用兩千字來回答。
- [ ] D 當然是，而且我知道怎麼用十個字說清楚快樂的本質。
- [ ] E 有錢就快樂，沒錢就不快樂。

計分方法

A 1分

B 3分

C 6分

D 9分

E 0分

30分以下

很抱歉，你是沒在動腦的人。你想事情的時候或許總是引經據典，認為古人或是名人說的話就是有道理，但是你從來沒有想為什麼。請你千萬不要去法國，因為你絕對沒有辦法從當地高中畢業，在當地生活也會跟當地人格格不入。或許這是你放下手機，開始讀點書的時候了。

31-60

你是一個想很多，但是不會想的人，你的腦袋時常短路，過熱冒煙，自己也受不了自己。你有自己的想法，不過還要好好加強，因為你時常還是思緒混亂。如果你在法國念高中，應該會因為哲學這科一直留級，但還是有畢業的希望，因為每年都有七、八十歲的老先生、老太太也參加高中會考。這本書可能會帶給你幫助。

61-89

恭喜你，你是一個會想的人。如果在法國念書，可以順利從高中畢業，但是要順利面對成年人的生活，還是有點困難。你很謙虛，對自己不確實知道的事情抱持謙卑，同時你有很強的求知慾，也願意學習，如果學習思考的話，會讓人生開啟一扇全新的窗。這本書應該會帶給你很大的幫助。

90分以上

太強了，你是一個很會想的人，這本書對你來說太容易了！沒有去念哲學，或是當哲學家，實在是太可惜了！你可能就是下一個尼采！

使用說明

以上這十一個題目，都是從二〇〇〇—二〇一七年以來的法國高中會考（BAC）的哲學考題（Bac Philo）當中選出來的，所以一般只要有高中程度的人，都應該具備足夠的思考能力，能夠回答這些問題，也是法國人認為一般人都應該具備的基本能力。

照慣例，法國高中會考的週一早上會先考共同科目哲學考題，考生們可以在三個題目當中任選一題作答，作答時間是四小時。每年約有七十萬人應考，考生年紀十二歲到最年長者為八十七歲的都有。法國高中會考一八〇八年由拿破崙創設，當時應考科目中就已包含哲學。哲學這一科不及格的人，基本上高中就畢不了業。

我要特別強調的是，這個測驗並不是因為外國的月亮比較圓、宣揚法國的哲學教育，或是要跟法國教育做比較。實際上，我的老師奧斯卡．柏尼菲雖然是法國哲學家，他卻很反對法國高中把哲學當成一門「知識」在教授，「難怪大家一聽到哲學就會想睡覺！」他總是說。

我這麼做，是為了提醒我們自己，在亞洲傳統學校教育普遍缺乏「思考教育」，或者以為「思考教育」等於公民教育或是道德教育，以至於「思考」從小就被認為是一件困難的事、痛苦的事，甚至不必要的事。

作為一個從小在傳統填鴨式教育制度下，鼓勵背誦、考試得高分，而不重視學習過程，也從不關心思考的人，如何在成年以後，可以從一個哲學的門外漢，從頭開始學習，發現思考不需要是天賦，只要透過學習，任何人都可以變得會思考，面對人生、工作的瓶頸，變成一個不害怕思考、不害怕問題的人。

目次

contents

01

人為什麼不能飛呢？

你告訴我一個你的答案，
我就告訴你一個我的答案。

這個怪老頭，就是我在尋找的哲學老師

我走進上海一家書店，因為路不熟，遲到了幾分鐘，活動已經開始進行了。正好聽到一個滿臉純真的小男孩舉手發問：「奧斯卡叔叔，為什麼人不能像鳥一樣飛翔？」

「你告訴我一個你的答案，我就告訴你一個我的答案。」長得胖胖的，穿著紅色吊帶褲，讓人聯想到聖誕老公公的法國大叔說。

我踮著腳尖，循著說話的聲音看過去，那個法國人應該就是奧斯卡吧。

之所以特地到上海一趟，是因為聽說奧斯卡應邀到上海來參加一個國際兒童節的活動，其中有一個下午會在當地的書店裡，跟一群當地的小朋友進行兒童哲學的工作坊。在這之前，我已經讀過奧斯卡所有翻譯成中文的兒童哲學繪本，覺得很有意思，但是身為一個成年男人，看到眼前要不是年紀很小的孩子，就是孩子的母親，還是覺得有點難為情，好像跑錯場子了，所以

不敢上前靠近。

於是，我只好假裝成路人甲的樣子，一面心不在焉翻著旁邊書架上的書，其實耳朵拉長聽著他們的對話。

「人不會飛，因為人沒有翅膀。」小男孩說。

「如果你暑假要去法國，要怎麼去？」奧斯卡問這個一看就是混血兒的小男孩。

「當然是搭飛機去。」

「那你不是會飛嗎？」奧斯卡說。

「那是飛機在飛。我不會飛。」小男孩露出覺得這個眼前的胖叔叔很蠢的樣子。在場大家都笑了。

奧斯卡露出詫異的表情：「如果你是一隻毛毛蟲，在鳥的肚子裡，那麼鳥飛到哪裡，毛毛蟲不是就跟著飛到哪裡嗎？你說毛毛蟲有沒有飛？」

小男孩想了一分鐘後，很慎重地說：「有。」

「那你像毛毛蟲那樣，坐在飛機的肚子裡，飛機到哪裡，你就到哪裡，你說人類會不會飛呢？」奧斯卡看著小男孩的眼睛說。

小男孩眼裡突然綻放出光芒，開心地笑了。「奧斯卡叔叔，謝謝你，我明白了！」

周圍的家長起了一小陣騷動。

「這老外怎麼可以跟小孩子說人會飛呢？」有兩位母親開始竊竊私語。

「這樣我們回去怎麼教孩子？」

當我在一旁聽完他們的對話，我忍不住笑了。

小男孩透過奧斯卡的引導，充滿自信地很快解答了顯然困擾已久的問題，不管大人怎麼說，如今他有了很好的理由確信「人類原來是會飛的」。我當場知道，這個怪老頭，就是我在尋找的哲學老師。

在頌揚馬克思主義和共產主義的中國，奧斯卡的回答特別有意思，因為他說的飛機跟鳥之間的關係，其實正是卡爾．馬克思在他的《一八四四年哲學和經濟學手稿》（Economic & Philosophical Manuscripts of 1844）裡面說的，人類的勞動結果，並不是為了脫離自然，而是為了重現、再塑自然，所以製造出能在天空飛的飛機，就是透過人類勞動，重現鳥在天空飛翔的自然樣態。

馬克思說「勞動」是讓「人之所以為人」，而「自然」成為「人類自然」的主要活動。

人類勞動跟動物的勞動不同，不只是提供自己吃喝拉撒睡的基本需求，人類的勞動是一種和自然之間互動的過程，同時也會脫離這樣的實用目的而勞動，用勞動來複製自然界。比如製造飛機，不只是要讓人達到跟鳥一樣飛翔的標準，同時還會將人類的美學法則應用在飛行器上面，所以勞動可以是一種自由、解放的活動，讓人可以像鳥那樣飛翔，而且是優美的。

主動思考，不是被動等答案

但是從頭到尾，奧斯卡作為一個哲學家，卻沒有說任何一個哲學家的理論、名字，也沒有引用任何一個哲學家的名言，而是用每一個年幼的孩子都能夠完全理解的語言，**引導孩子自己去找到讓自己滿意的答案**，在這過程當中，啟動了思考的鑰匙。

「孩子會向大人提出各式各樣的問題，大人出於自己是大人的立場，往往覺得有義務急著給孩子一個標準答案。但是你真的知道答案嗎？很多時候，我們就會胡亂說一個答案。比較認真的父母，會上網去搜尋。但是你上網搜來的答案，就是對的嗎？就算是對的，也不過就是死的知識而已，對孩子的思考有幫助嗎？」奧斯卡在這些母親面前，又親自做了幾個練習之後，開始對大人說明。「我有一個小技巧，那就是每當孩子問一個問題的時候，我會跟他們提出交換條件，你告訴我一個你的答案，我就告訴你一個我的答案。」

「可是他的答案如果是錯的，那有什麼用呢？」有一個家長提出疑問。

「對與錯，那又有什麼關係呢？至少，他已經**開始主動思考**，而不是被動地等待著大人餵食，」奧斯卡聳聳肩，「難道這不是很好嗎？」

活動結束以後，我上前去介紹我自己，並且告訴他我喜歡他所有的哲學繪本，以及我為什麼會專程來上海看他，又為什麼想要跟他學習哲學的原因。

「你有哲學博士學位嗎？」

我搖搖頭。

「你的工作是跟兒童教育有關嗎？」

我又搖搖頭。

「我是做ＮＧＯ工作的。」

「你懂得那麼少，我要怎麼教？」奧斯卡皺起眉頭。

我被他這麼一嗆聲，一時回答不出來。

「我還是想要試試看。」過了半晌，我弱弱地吐出了這句話。

奧斯卡注視著我的眼睛，好像過了一世紀那麼長，他才不置可否地聳聳肩，告訴我他夏天會在法國鄉下的老家舉辦固定的哲學課程。

「算了。你覺得你受得了的話，就來吧！」

哲學家成為哲學諮商師？

過了很久以後我才知道，那個發問的孩子，是上海法國學校的小學生，父親是法國人，母親是中國人。當天早上奧斯卡應法國領事館的邀請，到上海法國學校去跟孩子們，進行一場像這樣的兒童哲學討論時，孩子們都非常喜歡奧斯卡這種引導思考的方式。可他卻當場批評一板一眼的女校長是個「不快樂的古板女人」，女校長氣到大哭，最後還把奧斯卡趕了出去，但這個很喜歡奧斯卡叔叔的小學生，就跟著到了書店繼續未完的哲學課。

後來我也才知道，即使在法國的哲學學者圈子裡，奧斯卡也是個讓人覺得頭疼的人物。其中一個最主要的非議是，奧斯卡做的**「應用哲學」**不是**「純哲學」**，或許因為他很少提及偉大哲學家的理論、名字，也不愛引用任何一個哲學家的名言，寫暢銷全世界的哲學童書繪本，用的是連孩子都能夠完全理解的話語，跟學院派公認為真正的純哲學有很大的距離。真正的哲學，只能是一篇深奧到全世界不應該有超過一百五十個人能懂的論文，奧斯卡這算哪一招？

但奧斯卡作為奧斯卡，一點都不在乎別人的看法，十多年前決定不再繼續在大學任教，在自己家裡設立了一個「哲學踐行學院」（Institut de Pratiques Philosophiques），只收幾個博士班學生，每天穿著睡衣，叼著小雪茄，用傳統的師徒制，訓練學院派的哲學家成為「哲學諮商師」。這種我行我素的態度，讓有些哲學衛道人士批評，甚至還有人說這不知道是什麼邪教組織。面對別人不同的反對意見時，奧斯卡頂多只是像這樣抬一下眉毛、聳聳肩，一笑置之。

陌生人想要跟他握手的時候，他會突然從口袋裡拿出一把摺疊小刀，然後在對方驚嚇不已的時候，又掏出一顆梨子、或是一塊成熟的起司，突然就削著吃起來，然後把黏答答的手抹在自己的衣服上。這時候，原本想要跟他握手的人，無論意志多麼堅強，也會打消跟他維持社交禮儀的主意。

還好，當時的我完全不曉得他如此古怪的一面，否則一定沒有勇氣開口。就從那一天開始，聯合國教科文組織（UNESCO）的哲學顧問奧斯卡・柏尼菲，這個難搞的老頑童，就在我的堅持下，成了我的哲學老師，而我從此成了他的入室弟子。

【我的哲學老師】

奧斯卡・柏尼菲 Oscar Brenifier

為了推廣成人和兒童的哲學思考課程，法國哲學作家奧斯卡・柏尼菲和聯合國教科文組織合作，在世界各地成立哲學工作室，並出版「以討論來教學」的工具書，希望透過對話討論，鼓勵小孩表達自我觀點。

柏尼菲認為「以問題來回答問題」，會比直接給單一的標準答案更能鼓勵兒童思考。因此，他也建議大人，當小孩問問題時，大人不要急著回答，最好能引導小孩自己找到答案。如此一來，才能學會為自己的想法負責。

他和法國南特爾市小學合作的思考教學計畫，收錄在【哲學・思考・遊戲】，他在書中以輕鬆的問答方式和大小讀者討論重要的人生課題，譬如：認識自我、人生、團體生活、藝術、自由和幸福……小孩可獨立閱讀，也可用來討論，讓思考的視野更開闊。

02

為什麼我要去法國上這個「詭異」的哲學課？

或許這是一個漫長的旅程，但是我知道，面對一場永遠不會結束的戰爭，這是我必須要做的事。

我的工作需要幫助

自從出社會以來，我沒有放過「暑假」。但那個夏天，我決定放下一切，到法國葡萄酒的產區勃艮地鄉間，去奧斯卡那兒接受哲學訓練。

原因是什麼？簡單地說，我的工作遇到了嚴重的瓶頸，如果不停下來去學習哲學，我沒有辦法繼續工作下去的嚴重地步。

作為一個NGO工作者，我這幾年的工作重點除了持續為緬甸邊境難民營的國內難民（IDP）培訓農業和手工課程之外，還有另外一個重點，就是在緬甸北方克欽邦（Kachin State）的內戰衝突地區對武裝部隊培力，我們的重點是訓練和平談判，還有停戰協議的能力，但是我發現自己在所謂的「和平工作」上，遇到了前所未有的挫折。

雖然我有很多的技巧，可以聚集很多的資源，教導武裝部隊在談判桌上應該如何運籌帷幄，但是我沒有辦法阻止每一次盡了所有的努力推動停戰協議的簽訂後，過沒幾個月，就又會有新的事端被挑起，於是停戰協議視同無效，一切又得要從頭來過，每一次都元氣大傷。我們時常使用的比喻，就是像反覆不斷的人工流產，對於一個女性身體跟心理的殘害。

要挑起戰爭是容易的，只需要幾顆子彈，或是一把火就行了，但是要停止爭鬥，並且維持下去，卻是困難的。

慢慢地，我甚至開始懷疑，戰鬥的雙方都沒有真心想要戰爭結束的意思。

更糟的是，無論我有多少面對衝突解決的技術性知識，卻沒有辦法回答從小在戰爭中長大的少數民族游擊隊士兵的一個問題：

「和平為什麼一定比較好呢？」

我從來沒有想過，對於一個從來不知道「和平」是什麼的人來說，戰爭跟衝突才是他熟悉的生活方式，在這中間，他得到他需要的滿足感、權力，同時也是一份能夠養家活口的工作。但是一旦選擇和平，就是踏出「舒適圈」，我要怎麼解釋「和平」真的比「戰爭」好呢？這就好像要解釋黃色跟紅色的區別，讓一個出生就看不見的盲人理解，我真的確實知道嗎？

那一刻，我知道自己的能力不足，我需要幫助。而這個幫助，不是更多的人力、更多的和平基金，也不是舉辦更多的工作坊可以解決的。我向一位專長做衝突解決的丹麥ＮＧＯ好友討教，他告訴我衝突解決的根本，不是技術上、也不是資源上的問題。

「那是什麼呢？」

「是哲學。」他肯定地告訴我。

聽到這個答案，我很吃驚。心底深處，我知道他是對的。但問題是，一個從來沒有學過哲學，大學時代通識課程的哲學概論勉強低分及格的我，要從哪裡開始？

追尋哲學的第一步

雖然高中時代買了卡繆，但是從沒認真讀完；看了所有克里希那穆提的作品，只覺得詼諧；甚至有一段時間相信《查拉圖斯特拉如是說》是我全宇宙最愛的一本書。大學時代，勉強自己跟著學姊去哲學系旁聽後現代主義。可是哲學對我來說，就是一門跟現實完全脫節的純學術。

正因為我什麼都不懂，於是我只好偷偷從閱讀兒童哲學繪本作為起點，開始我對哲學追尋的第一步。

而我當時唯一能夠找到的中文兒童哲學繪本，是一個我從來沒有聽過的法國哲學家寫的，那個哲學家就叫做奧斯卡。

一面翻著這些給七歲法國孩子讀的繪本，這些書跟我過去讀過的書都不一樣，因為所有的文字，幾乎都是問句，而**沒有答案**。我一面覺得對於自己的匱乏，感到非常慚愧，因為對於孩子來說非常容易能夠大膽進入的題目，像是「人生，是什麼呢？」成年的我，卻覺得萬分困難。

當我到達當地的小火車站時，看到一起下火車的人們熟稔地彼此擁抱問好，似乎只有我是全然的陌生人，聽說他們大多都是來自歐洲各地的大學哲學教授，這讓我這個門外漢覺得相當不自然。

當奧斯卡看到我時，他有一點詫異，或許是因為我真的出現了，於是他順口問我準備好了沒有。

「我什麼都不懂。」我誠實地回答。

「『空』？那好極了。」奧斯卡又聳聳肩，「你已經準備好了。」

我有些訝異，他對我用了「空」這個佛教用語，難道因為我是亞洲人嗎？

後來我才慢慢知道，奧斯卡非常喜歡禪宗跟道家的哲學思想，也常常拿來跟古希臘哲學比較。

在古希臘時代，「哲學家」跟「詭辯家」（sophists）都是社會上擁有最多知識的人，接受的教育也是一樣的，但是他們在態度上有著根本的區別。哲學家永遠「想要知道」（wish to know），但詭辯家永遠「已經知道」（already in possession of this knowledge），因此前者永遠想要更進一步探究深入，但後者對於已經知道的事情就認為沒有必要再進一步思考。

或許奧斯卡看到那種我強烈「想要知道」的心，而不是拿出知識分子的驕傲，一副好像我「已經知道」的樣子，讓他說我已經準備好了。

「來吧！」我放下背包，跟其他四個陌生人一起跳進志願幫忙開車的比利時學生的老爺車裡，擁擠得不得了。「我準備好了。」

或許這是一個漫長的旅程，但是我知道，如果要能夠回到緬甸北方，面對那一場永遠不會結束的戰爭，這是我必須要做的事。

【哲學練習】

03

我的哲學老師是「異鄉人」！

把哲學當成文化，一種生命態度，一種專業。

行李箱在哪裡，家就在哪裡

當我們後來變得比較熟稔，有一回聊天的時候，奧斯卡告訴我一個關於他成長的故事，作為很少談私事的哲學家，這是一件奇特的事。

雖然他表面上是道道地地的法國人，但奧斯卡說在他的心目中，他來自阿爾及利亞的Dréan，卡繆的出生地，也像卡繆一樣，他沒有家的歸屬感。

「只要我的行李箱在哪裡，我的家就在哪裡。」他有一次甚至這麼說。

從一個年輕的背包客口中聽到這樣的話，我可能不會訝異，但親自從一個頭髮花白的成功哲學家口中聽到，再想到他的妻子、兒女們，卻有種卡繆《異鄉人》裡那種奇異而熟悉的悲涼感。

奧斯卡不諱言，在法國人心目中，他的家庭是所謂的「黑腳」（法語：Pied-Noir）。黑腳指的是一九五六年前，生活在阿爾及利亞的法國公民。之所以有這個蔑稱，是因為這些海外法國人一開始，大多是光腳在燒煤室工作的水手，他們的腳經常被煤煙弄髒；也有另外一個說法，是說這些人在沼澤地或者釀酒廠，做很容易弄髒衣服的工作，總之是一群被法國本土看不起的土包子。

阿爾及利亞獨立以後，六歲的奧斯卡一家人，跟八十萬名「黑腳」的命運一樣，被趕出阿爾及利亞的故鄉，移民回到法國本土，但這些返回法國的黑腳，由於嚮往阿爾及利亞，往往遭受左翼跟主流文化的排斥，一方面指責他們吸收穆斯林文化，另一方面指責他們引起了阿爾及利亞戰爭。

奧斯卡的爺爺，是個典型的「黑腳」，不到十歲就輟學工作了，所以他對於年幼的奧斯卡，有兩個幾乎偏執的信念：一是一定要每天早上四點起床，二是一定要好好念書、通過法國的高中會考，他認為只要這兩件事情都做到的話，世界就會屬於你。但很早開始就對批判性思考產生興趣的奧斯卡，意識到這種對生命態度的偏執，是完全違背理性的，因為每天天還沒亮就起床，並不會讓一個人的生命變得更長久；而在國家會考成績優異，進入好大學，並沒有辦法保證更有意義的人生。實際上，爺爺的要求他兩個都沒有做到。

奧斯卡不只是每天貪睡晚起，到現在都還是如此，而且他根本沒有去考過會考，因為他十五歲以後去了美國念書，大學時候還加入共產黨，成為革命者，因為擁護蘇維埃思想，被抓到牢裡去。為了搞革命，大學也沒念完就輟學，當然他後來回法國完成了哲學博士學位，但在爺爺的標準當中，他的人生肯定是一團糟。

有趣的是，卡繆也是生長於一個貧苦的農工家庭，在一九三五年也加入過共產黨，據說這個「體驗」也讓卡繆日後更深刻了解共產黨與政治。我不知道這究竟是一個純粹的巧合，還是卡繆對奧斯卡的成長，確實起了什麼樣的啟示。

聽到這裡，我好像電路接通的燈泡，突然知道了奧斯卡為什麼會在上海的書店，用馬克思的勞動觀念，來回答小男孩想知道人到底會不會飛的問題。

什麼樣的生活，叫做好生活？

「我在美國參加共產黨的時候，他們確實因為覺得我太聰明，而不大喜歡我。」奧斯卡聽了我的推測後這麼說。「因為我當時確實著迷於馬克思思想多過共產主義。」

馬克思哲學結合了康德的「實踐理性」和黑格爾的「辯證法」，確實很適合聰明的人。

「但是，」奧斯卡微笑地看著我，一面抽著他最愛的小雪茄，「什麼樣的生活，叫做好生活？」

我們進行這段談話的時候，奧斯卡正在中國做巡迴演講，我當時已經開始以他的助手身分，擔任他的助教跟翻譯。

我們去很多中國頂尖的學校參訪、演講時，他發現了華人的父母，往往有所謂的「賽馬症候群」，也就是急著把他們自己的孩子培養成一匹賽馬，推入激烈的社會競爭中，比如從小才剛會走路，就要開始學才藝、學英文，但賽馬的競賽規則是殘酷的：只會有一匹馬勝出，其他所有的馬匹就都成了失敗者。奧斯卡想說的意思是，這樣的賽馬人生並不值得追求，所以人需要有能力清晰思考，知道要怎麼追尋真正有價值的好生活。

我想到凱莉・布朗的書《一起成為更好的大人》時，看到的也正是「轉大人」的時候，這種對有價值人生的追尋，無論是談分手，還是修理馬桶，都是讓自己長大的方式。正如奧斯卡也會常常為了訓練我脫離直覺式的思考，增強哲學中很重要的「概念化」（conceptualization）的能力，要我面對一個**現實生活中的具體細節**，比如說一張椅子、一個杯子這種非常具體的事物，思考它們的定義，然後告訴他一個杯子之所以是杯子，一段感情之所以是一段感情，到底有什麼必要元素。

相反地，我也必須去思考一些日常事物的荒謬本質，比如說「道歉」的荒謬，試圖隱瞞「外遇」「出軌」事實的荒謬。這些思考都可以幫助我看清楚在成人世界生活，需要具備的思考能力，而不是講哲學動不動就抬出尼采、黑格爾，才算哲學思考。

哲學在拉丁文中直譯為「愛」（Philo）「智」（Sophia），表示對理性（「智慧」與「知識」）有強烈情感（「愛」「慾望」和「同情」），但是現代人時常認為，把理性與感性放在一起，是含糊、甚至相互違背的。然而試想，如果沒有「同情」，人如何能專注傾聽和分析對方的話語？那麼即使擁有知識，也就只是如想要有金錢、權力一般，越多越好，貪婪而粗暴的霸佔而已，那是幾乎沒有價值的，哲學既然是「愛」「智」，就必須達到「情感」與「理性」的和諧。

原來，理解生活的本質，並且**知道怎麼生活**，才是真正的愛智、對真理的追求。而我喜歡這種說法。

哲學是一種專業能力

世界上大多數人，都把哲學侷限解釋成一門學術領域中晦澀冷僻的「知

【哲學練習】

哲學

=

愛 Philo + 智 Sophia

=

理性 + 強烈情感

（智慧與知識）　（愛、慾望、同情）

識」。不同的哲學家，會將自己信奉的「方法」（methodology）使用到極致，所以蘇格拉底不斷提問，黑格爾不斷辯證，康德不斷轉化分析，也就像任何學術的不同學派一樣，堅信自己的方法，攻擊或拒絕其他同行的方法，但沒有任何一派可以為所有的問題提供解釋。為了理解容易，奧斯卡將哲學細劃成三個不同的學術走向：

正式思考（epistemology）

道德（moral）

美感（aesthetics）

這樣我就明白了，我在中學時代愛讀的作家朱光潛總是談美，就是將美學作為一種哲學，帶進二十世紀的中國。因為在學校裡，老師總是把哲學跟道德教育劃上等號，而奧斯卡就像中國的老莊，古希臘的蘇格拉底、柏拉圖，把正式思考的訓練作為哲學的核心。

但是根據奧斯卡所言，哲學還有另外三種解讀。

一種解讀是**把哲學當成「文化」**。哲學可以粗分為重視傳承的「歐陸派」（continental）跟注重實際的「盎格魯薩克遜派」（Anglo-Saxon）兩種哲學觀。以美德來說，歐陸派會建立最基本的「先驗」（priori），讓哲學可以從思考「好」與「壞」開始來建立世界觀，而盎格魯薩克遜派會把美德像數學公式或化學方程式一樣，做成符合科學精神的定律，讓人套用，變成像學校的「公民教育」，非常實際地教導人們什麼行為會產生什麼後果。

第二種解讀，則是**把哲學作為一種生命「態度」**。

哲學有沒有可能在日常生活當中每天被「應用」？蘇格拉底時代，哲學是生活方式的一種，在今天有沒有可能這麼做？要如何做？奧斯卡是相信「哲學踐行」的愛智者，所以他決定把哲學的意義從學術層面釋放出來，是放回人類日常生活活動的實踐者。於是，他自己開啟了哲學的第三種解讀，那就是努力把哲學作為一種「**專業能力**」，藉由哲學專業，讓哲學家可以把哲學變成一份能夠在學術領域以外的有趣工作。

這三種解讀，有時候是彼此相輔相成的，有時卻是彼此對立衝突的，因為哲學雖然講求「理性」（reasons），然而現實世界裡，除了理性之外，還有權威、有犬儒、有各式各樣的阻礙，讓哲學的理性無法順利發揮作用。

到頭來，奧斯卡就像卡繆那樣，來自文化地理的邊緣，離開了北非的陽光與海洋，卻無法在巴黎的土地落地生根，變成自願的流亡知識分子，一個永遠的異鄉人，終其一生處在雙重的流浪之中——外在的流浪，還有內在的流浪。因為沒有故鄉，所以只有流浪的狀態才是他們的存在，而只有哲學，才是他們真正的家。

於是我終於明白，只有哲學，才是奧斯卡的真愛，如此純粹，又如此美麗。

【哲學練習】

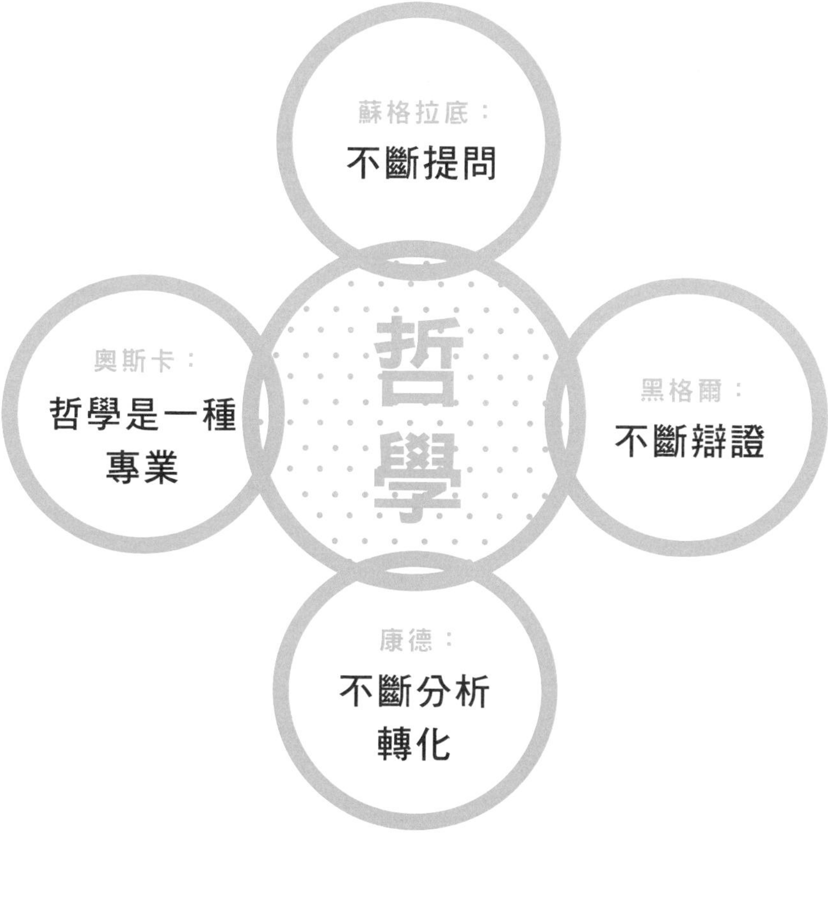
蘇格拉底：
不斷提問
奧斯卡：
哲學是一種專業
哲學
黑格爾：
不斷辯證
康德：
不斷分析轉化

04

為什麼我們連話都講不清楚？

我從來沒想過為了要學哲學、學會思考，竟然必須要從頭學起……

雖然我們使用了同一個字

我到南非開普敦的時候，在餐廳裡面想要點一杯果汁。

「請問果汁是新鮮的嗎？」我問服務生。

「是的。」服務生毫不猶豫地說。

「那太好了。來一杯吧！」

當果汁上桌的時候，我喝了一口：「咦？這不是罐裝的嗎？」

「沒有錯。」服務生又毫不猶豫地說。

「但你說是新鮮的。」我丈二金剛摸不著頭腦。

「當然是新鮮的，我們每兩天進貨一次，很新鮮。」服務生帶著自信地跟我保證。

原來我們對「新鮮」的**定義是完全不一樣的**，雖然我們使用了同一個詞，而且對於我們使用的字眼都非常有自信。

如果這件事發生在我開始學習哲學之前，我應該會生氣，覺得這個服務生不誠實，但是現在的我卻不再這樣想了。

在那一刻，我只想到「蘇格拉底會被人討厭，也是剛好而已」。

在南非發生的這一件小事，讓我回想到第一次在勃艮地跟奧斯卡上課。每天的課程慢得出奇，沒有任何課程規劃、沒有特定主題，從早上醒來開始，每個人捧著一杯咖啡或茶，睡眼惺忪地開始龜速進行，直到午夜大家都精疲力盡的時候才結束，讓從小性急、而且喜歡凡事都有計畫的我簡直坐立難安。

第一天第一堂上課前，有個從莫斯科來的美女學生蘿拉，對她一見傾心的西班牙男同學稱讚她的精心打扮時，不以為然地回了一句：「每個人都喜歡美，不是嗎？」

奧斯卡聽到了，立刻請全班肅靜。

「蘿拉剛才說：『每個人都喜歡美，』她犯了哲學上的什麼謬誤？」

於是一個冰島人立刻舉手說：「訴諸多數的謬誤。」

「很好。為什麼？」奧斯卡問。

「因為一個言論不能僅僅因為受大多數人接受和歡迎，便被確認為真。」

「還有呢？」奧斯卡又問全班。

我很驚訝地看到屋子裡充滿了舉起的手，好像只有我的手是放下的，因為我根本不知道蘿拉這樣回答有什麼問題，不是很正常嗎？但每個人都可以說出許多蘿拉這句話在邏輯上的問題，而且可以明確地進行分析。

當時我的頭腦一片空白，只覺得自己好蠢，只想趕快打包捲鋪蓋回家。

這樣經過了半個多小時熱烈的討論之後，奧斯卡問還在念哲學博士班的西班牙男人說：

「你剛才說的『美』是什麼？」

接著又轉頭問蘿拉：

「妳剛才回答時說的『美』又是什麼？」

然後環顧靜默一片的教室：「他們兩個都用了『美』這個概念，一模一樣的字眼，但是一個西班牙男人定義中的美，跟一個俄羅斯女人定義的美，真的是一模一樣嗎？」

接著奧斯卡請大家表決，認為一樣的舉手，然後認為不一樣的舉手。奧斯卡非常仔細地數了兩方票數之後，生氣地說：

「有狀況。我們之中有一個人沒有舉手。」

「糟了……」我心底暗暗叫苦，那個人就是我。

舉手的震撼教育

所有奧斯卡的學生都知道他的大忌，就是每一個人都要參與表達，所以每次舉手，無論是多麼瑣碎，都要算到人數總和一個不差才行。但我這個菜鳥並不懂，不知道他不上課，討論蘿拉說的一句無心之言想要幹什麼，所以我只是選擇袖手旁觀一件從頭到尾都跟我沒有關係的事，這樣也不行嗎？

「是誰？誰沒舉手？」奧斯卡生氣了。

我怯生生地低低舉起了手。

「你，為什麼不舉手？」

在我還來不及想到該怎麼回答的時候，奧斯卡又看著全班：

「剛才看到他舉手，有觀察到哪裡奇怪的請舉手。」

竟然有一半的人舉手。

我當場覺得倒楣極了，沒舉手被發現，舉手又被說奇怪，我到底哪裡冒犯這些人了？

於是奧斯卡在舉手的學生當中挑了一位。

「你告訴大家你的觀察，他舉手的方式哪裡奇怪。」

「他低低地舉在自己的胸前，而不是高高地舉起。」一位芬蘭人說。

「厚……有差嗎？」我在心裡咕噥著。

「你認為他會用這種方式舉手的原因是什麼？」奧斯卡追問芬蘭人。

芬蘭人開始用笛卡兒（René Descartes）的理論，來分析我的舉手方式，表示我不認同透過「普遍懷疑」可以通向一個「確定無誤」的觀念。

這個人一定是瘋了。

另一個人舉手，認為我是對「存在」試圖進行掩飾，減少我的存在感。

轉眼之間，矛頭從蘿拉轉移到我身上，我的眼角瞟向蘿拉的方向，她正在愉快地玩弄她的耳環，似乎很高興焦點終於被移開了。

突然之間，奧斯卡的臉轉向我的方向：

「你自己有發現剛剛舉手很奇怪嗎？」

「沒有。」我反射性地否認。

整間教室突然陷入死寂，好像我剛剛殺了人似的。

奧斯卡慢慢地環顧每一個人之後說：

「有誰知道他為什麼選擇不舉手，又否認他舉手的方式奇怪？」

幾乎整個房間的手又高高舉了起來。

這些人到底有什麼毛病！我在心底咬牙切齒。

「妳說。」奧斯卡指著繼續玩著耳環的俄羅斯美女蘿拉。

「傲慢。」她緩緩地從亮彩的唇吐出毒蛇般的字。「他覺得他比我們都好。」

天啊！這些大學教授跟哲學家，到底是什麼怪物！應該通通抓起來關進地牢裡去！我從一開始的害怕，慢慢轉成了憤怒。

「你覺得蘿拉說的是對的嗎？」

雖然不同意，但是這時候我已經完全放棄，不想一開始就惹更多的事端，所以只好非常痛苦地說：

「我同意。」

沒想到奧斯卡竟然說：「那你應該要謝謝蘿拉。」

「啊？」我一時意會不過來。

「她幫助你知道了一件你本來沒有意識到關於自己的事，你不是應該要謝謝她嗎？」

我愣愣地說：「謝謝。」

「這樣不夠，太沒誠意。你要說清楚你謝她什麼。」

我簡直要瘋了。但是我還是忍住憤怒，緩慢而清楚地說：

「蘿拉，謝謝妳讓我發現，**原來我是一個傲慢的人**。」

被迫當眾這麼說，我覺得萬分屈辱，但是教室裡這群我覺得根本是存心跟我作對的人，並沒有像在我中學時那樣，惡毒地哄堂大笑，而是輕輕地點頭微笑，好像我終於做了一件什麼對的事情似的。

下課的時候，奧斯卡跟我在茶水間相遇，我躲也躲不掉，只好勉強擠出一個笑容。

「你會說很多種語言，是吧？」

我點點頭。

「現在的你，只要記得一件事。」奧斯卡一反在課堂上的嚴厲，不在乎地聳聳肩說，「**要學會思考『思考』這件事，就要從思考『語言』本身開始**（Thinking the thinking, is thinking the language.）」

突然之間，我好像聽懂了一點什麼，就像烏雲密佈的夜晚，突然雲層間露出一個小小的缺口，讓皎潔的月光灑下，一切變得清楚而美麗。

【哲學練習】

奥斯卡

誰沒有舉手？

褚：……（怯生生舉手）

奥斯卡

誰可以告訴我，他舉手的方式問題在哪裡？

芬蘭同學

他低低舉在胸前，不是高高舉起。

褚：（心裡 OS）這樣有差嗎？

奥斯卡

你有沒有發現剛剛舉手很奇怪？

沒有。

奥斯卡

誰可以告訴我他不舉手，又否認舉手的方式奇怪？

俄羅斯女同學

傲慢。他覺得自己比我們都好。

奥斯卡

你同意她說得對嗎？

（雖然不同意且非常痛苦地）我同意……

奥斯卡

你要謝謝她。幫助你知道了沒有意識到關於自己的事。

謝謝。（愣愣地）

奥斯卡

不夠，沒有誠意，你要說清楚你謝謝她什麼？

（忍住憤怒）蘿拉，謝謝妳讓我發現，原來我是一個傲慢的人。

思考：在59頁。

可惜，這個美好的片刻一瞬即逝，一離開茶水間，腦袋立刻又恢復成混沌一片、烏雲罩頂。

沒有人可以拆穿的謊言？

我知道蘿拉說的是對的。

我是一個表面謙恭，但是骨子裡傲慢的人，所以從小就不喜歡參加團體活動，因為我覺得團體活動都很愚蠢。

幼稚園畢業典禮的時候，每個小朋友都必須扮成小白兔，穿著白色的內衣內褲，屁股上黏了一團毛茸茸的白尾巴，頭上戴著粉紅色的長耳朵在台上表演，只能說蠢到爆。我永遠忘不了當時被迫上台的屈辱感覺，所以我唯一能做的，就是拒絕表演。所有其他小朋友都按照著台前老師的提示，乖巧地跳著排練的舞步時，我只是定定地站在原地，從頭到尾，腳上好像長了釘子。

我知道所有人都在看我。

「跳啊！快跳啊！」大人們的眼神好像在催促我。

我很清楚，只要開始跟著大家跳，壓力就會解除，大家也不會盯著我看了，但是我就是沒辦法忍受自己做這麼愚蠢的事。

我唯一能夠做的抗議，就是沉默、被動地不服從。

「老師，不好意思，」我記得母親事後陪著笑臉跟老師為我的行為道歉，「因為他早讀一年，比同學小，所以很多事情都跟不上，請老師不要介意。」

當時我心裡有些伎倆得逞的得意，因為我知道這是很好的藉口，不管是不是真的，就算是謊言也沒有人會去費事拆穿。

同樣屈辱的場景，從小到大我不知道經歷了多少次，雖然不是在舞台上，也不用穿著黏著兔子尾巴的三角內褲，但是我往往就是一個群體當中，那個一動也不動的人，有時候是形體上的，但大多時候是精神上的。

我總是可以找到藉口，不去參加需要一群人一起做的事。

就連運動，我也放棄大部分男孩著迷的棒球、籃球，直奔向游泳項目，因為即使是接力賽，也是一個人的事。

我以為我很好。我以為我已經長大了，沒有問題了。

但是在奧斯卡的第一堂課，蘿拉的一句話，讓我發現自己從來沒有從幼稚園畢業典禮的舞台上走下來，我永遠還是那個穿著可恥的兔子裝，拒絕參與的傲慢孩子。

這個發現並不好受，我沒有告訴蘿拉，更沒有告訴奧斯卡，或是當場任何一個人，但我知道我有好多的功課要做。我從來沒想過為了要學哲學、學會思考，竟然**必須要從頭學起**，從慢慢咀嚼自己嘴裡吐出來的每一個字、觀察自己身體展現的每一個動作開始，這比我想像中還要困難好幾百倍。

【哲學練習】

Thinking the thinking,
is thinking the language.

05

每個人都喜歡美，但「美」是什麼？

語言透過修辭，原來充滿著這麼多欺瞞，這是我從來沒有想過的事。

美的共同標準？

蘿拉無心的一句「每個人都喜歡美」，決定了接下來這一整天，我們專注在「美」這個主題。

到底什麼是「美」呢？

我記得第一次帶著一整套奧斯卡的兒童繪本，到緬甸鄉間給我的NGO工作夥伴看的時候，我逐字逐句翻譯繪本裡面的句子。我那從聯合國兒童基金會（UNICEF）出身的老夥伴Thein Aung，在新的緬甸政府裡被聘為國家教育顧問，從頭到尾他都一直皺著眉頭。

「你覺得內容不好嗎？」我很擔心地問。

「內容很好。」Thein Aung熬不住我的逼問，終於說了實話，「問題是，這些插畫實在太醜了！如果我們要介紹到緬甸來，要讓緬甸的插畫家重新畫插圖才行。」

被緬甸夥伴嫌到臭頭的插畫家，是法國巴黎超大牌的Jacques Després，為了要跟他合作，連脾氣也很臭的奧斯卡，都不得不忍讓三分。如果奧斯卡聽到這種評語，可能會發瘋。

更何況，緬甸的傳統插畫風格，在緬甸以外的人眼中看來，那才叫做奇醜無比吧？

然後我也想到奧斯卡不知道批評過多少次，他覺得「凱蒂貓」簡直「醜到爆」。

「亞洲人真的覺得這種幼稚（naive）的線條，有美感嗎？」

我每次聽了，都覺得奧斯卡如果到亞洲，應該要謹言慎行，不然不知道光這一點評論，就會冒犯到多少人的玻璃心。

「應該說，亞洲人看重『可愛』（cutesy）的價值。」我試著幫助奧斯卡看到可愛也是一種美。

「可愛……你這樣說沒錯，可是『可愛』是一種美嗎？」奧斯卡露出厭惡的神情。「如果你在法國，對一個女人說『妳好可愛！』她一定會很生氣，覺得受到侮辱。」

「為什麼？」

「因為可愛是用來形容小貓小狗的。」

「我認識的亞洲女性，無論什麼年紀，被稱為『可愛』都會很高興。」我說。

奧斯卡皺著眉頭想了想，很慎重地說：「如果我在亞洲的出版社出新書，你覺得出版社可以讓我自己找法國的插畫家嗎？」

我忍不住笑了出來。其實覺得日本風格的卡通人物很醜、醜到爆的西方人，並不在少數。所以如果要說對於美的感受，有一種舉世皆準的標準，我是不相信的。

追問到底，犧牲生命也在所不惜

奧斯卡是個不修邊幅的老先生，一年四季每天都可以穿著同一件看起來髒兮兮又不合身的格子襯衫，雖然我後來到他家裡，看到衣櫥才知道其實那不是同一件，而是因為他可能有一百件看起來髒兮兮又不合身的暗色格子襯衫。愛美的巴黎人看到他的穿著，一定會對他的美感大搖其頭。

然而，他會覺得我的句子「很醜」，要我反覆再三地思索語言的結構，邏輯的安排，遣字用句的精準，變成一個又短、又漂亮的句子。我的句子被他批評得我都不知道為什麼我能夠出版五十幾本書，而且還有很多篇被收進從小學到高中的國文課本裡面，作為學生的國文教材。

所以一個人可以對世俗的美麗毫無分辨能力，同時卻對語言的審美觀標準非常嚴格。

關於「美」是什麼，奧斯卡顯示出驚人的記憶力跟專注力，開始將柏拉圖《對話錄》中以「美」或「美感」為主題的其中一篇〈大希庇阿斯〉中蘇格拉底和智者希庇阿斯（Hippias）的對話緩緩地背誦出來。

整個對話很長，我就不說了，但是基本上就是智者希庇阿斯雞同鴨講，始終無法弄懂蘇格拉底的意思，蘇格拉底問的其實是「美本身是什麼？」

「美的定義是什麼？」結果不上道的希庇阿斯，一直回答說美女很美，母馬很美（因為神說過），豎琴很美，陶土製的湯罐做得漂亮也可以很美，有用黃金、象牙的工藝品就很美，說的都是「美表現在什麼東西上？」「美的載體是什麼？」聽起來就覺得希庇阿斯如果生活在現代，根本就是土豪啊！

結果蘇格拉底最後就吐槽希庇阿斯說：

「煮湯要用金湯匙，還是木湯匙比較適當？」

又問他：

「煮湯要好喝，應該是用美女來煮，還是用湯罐來煮？」

整個哲學討論最後又回到吃的，這讓我覺得很親切。（笑）

聽完以後，難怪雅典人覺得蘇格拉底實在很白目，最後就把他殺了。

「如果有人問我的老師是誰，我會說是蘇格拉底。」奧斯卡背誦完這篇對話錄後，沒有經過任何人的同意，心滿意足地點上一根小雪茄，旁若無人地抽了起來。「因為我也會這樣到處去問人事物的本質，而且**追問到底**。所以要是哪一天誰覺得我太煩了，決定把我一槍斃命，我也不會覺得意外。」

接著他又自嘲說到從小沒朋友，到現在老了也都不會有人邀請他去參加生日宴會或是派對什麼的，因為不知道他在歡樂的慶祝場合，會問出什麼樣尖銳或不得體的話來，實在太可怕了。

於是我才知道，奧斯卡咄咄逼人的習慣，並不是他的個性「白目」，而是**對真理究竟的承諾，即使犧牲生命也在所不惜**。

休息回來之後，我們討論了六個問題：

1、每個人對美的看法都相同嗎？

2、什麼是美什麼是醜？

3、我們一定要了解美嗎？

4、每個人都是藝術家嗎？

5、藝術家能自由創作嗎？

6、藝術有什麼用處呢？

放煙火是藝術嗎？

我跟哲學踐行學院的同學們提到，我在台灣帶領過哲學兒童工作坊，其中我們也有一個單元討論「美與藝術是什麼」。我們放了國際藝壇上最受矚目的中國煙火藝術家蔡國強的煙火作品「天梯」，它是為了紀念剛過世的祖母，因為出生在泉州一個小漁村的祖母，用賣魚的錢幫助孫子實現藝術夢想，這樣的恩情讓蔡國強永生難忘。設計高五百公尺的煙火「天梯」，頂端由一個熱氣球拉起至半空中，點燃後就猶如一座閃耀金光的梯子拔地而起，讓人驚豔無比。

看完影片之後，我問在場的孩子：

「認為放煙火是藝術的舉手？」四十個孩子通通都舉手。

我又問他們：「如果今天回家，你跟你祖母說這件事，她會覺得這是藝術的請舉手？」

結果只有五個孩子的手還舉著。

「阿嬤會說煙火是拜神或是結婚的時候點的，是習俗，不是藝術！」

「因為無論怎麼樣，阿嬤都會說玩火很危險！」

孩子們脫離自己的觀點，紛紛試著站在「祖母觀點」來想這件事。

接著我請這些孩子想，藝術是自己認可，覺得是藝術就可以是藝術，還是需要別人認可？

另外，我請孩子們回想一下，說不定他們自己本來也覺得煙火不是藝術，因為看了影片，經過我們的討論之後，才覺得煙火可以是一種藝術。

「所以，有沒有可能能夠透過教育，提供證據，讓人改變主意，或是認識藝術？」

接著我們利用這個機會討論「藝術一定要有用嗎？」這個問題。

在莫斯科圖書館開設兒童哲學課程的安娜，也開始分享她是如何跟俄羅斯的孩子，討論美與藝術這件事。

接著祕魯人、冰島人、以色列人、印度人、義大利人、法國人、比利時人、羅馬尼亞人、伊朗人……紛紛都分享自己如何在自己的文化範疇裡，進行「美感」這個哲學領域的思考，不知不覺，這一天就到了半夜，我們的討論還欲罷不能。

問題越多，收穫越多

「你知道今天早上開始的時候，要談『美』這個主題嗎？」我在半夜下課的時候，忍不住問奧斯卡。

「當然不知道！」奧斯卡聳聳肩，好像我問了什麼蠢問題。「我只在乎『當下發生了什麼』（What is happening），就處理什麼。主題一點都不重要，也不會有結論，**唯一重要的是『思考』本身**（The only thing matters is THINKING itself.）。」

夜半走在勃艮地小村的田埂上，回到住處的路途，我覺得這真是不可思議的一天。因為我們總是把「真、善、美」或「愛」這些字眼掛在嘴上，好像這是所有人都共同理解的事，但是就連我在南非，我跟餐廳服務生對於「新鮮果汁」的定義都可以完全不一樣。所以只是聽到一個詞，像是「美」，我們怎麼知道彼此在說的是同一回事呢？

語言透過修辭，原來充滿著這麼多欺瞞，這是我從來沒有想過的事。難怪古希臘認為只有「大自然」才可以是真正的藝術家，而所有的雕刻家、畫家、演員、舞者，都只不過是「工匠」而已。

經過這一整天令人精疲力盡的馬拉松式討論，我腦海中湧現的問題，比我得到的答案要多得多，但是我卻開始覺得這是充滿收穫的一天。這跟平常的我，如果開了一天會沒有達成結論或是決議，就覺得白白浪費一天的感受完全不同。

我知道，有一些很重要的東西，逐漸從內在甦醒，慢慢對我產生改變了。

【哲學練習】

關於美的思考？

每個人對美的看法都相同嗎？
什麼是美、什麼是醜？
我們一定要了解美嗎？
每個人都是藝術家嗎？
藝術家能自由創作嗎？
藝術有什麼用處呢？

06

法國版「真心話大冒險」！

我們對自己的偽裝被揭穿，露出了本來面目。

說真話是公民的義務

回想第二天上課的第一個小時，奧斯卡就從古希臘語裡面一個中文無法翻譯的詞「Parrhesia」開始。

所謂「Parrhesia」，就是只應該說真話，絕不欺瞞或粉飾，知無不言，言無不盡，就算有負面的後果也在所不惜。因為「說真話」不只是一種言論自由，對古希臘人來說，讓真理可以顯現不但符合大眾利益，更是一種公民義務。

突然感覺上好像要來玩法國版的「真心話大冒險」。

小時候玩真心話大冒險，題目無非是「身上哪個部位最敏感？」或是「你第一次初吻是在什麼時候？跟誰？」要不然就是「你當眾發生過最糗的事情是什麼？」之類的，但是在法國的哲學課，會是什麼呢？

講完了「Parrhesia」這個規則，奧斯卡要我們嚴格遵守，接著他想要知道大家的哲學程度大概到哪裡，所以問在場的人：

「在學校教哲學，或是哲學諮商師的舉手。」

幾乎七成以上的同學都舉手了。

「在學校教心理學；是心理學家，或是心理諮商師的舉手。」

又有兩成的同學舉手了。

「教兒童早期教育及發展服務（ＥＣＣＤ）的舉手。」

又有幾雙手零零星星舉了起來，主要是俄羅斯的一批年輕人，他們是奧斯卡的法國哲學踐行學院在莫斯科的認證班學生。

「還沒有舉手的舉手。」

有了前一天的經驗，我知道每個人都必須舉手，一個都不能少，而且要舉好，不能隨便舉一下，我雖然覺得有點難堪，還是高高舉了起來。

望向四周，只有其他兩個人舉手，一個是荷蘭來的倫尼，我知道她的工作跟我的有點接近，是一個衝突解決的談判專家；另外一個是法國來的桑卓拉，她是個畫家。她們兩個顯然都是奧斯卡的老學生，只有我是菜鳥。

奧斯卡意味深長地看了我一眼，然後叫大家把手放下。

「我們今天要來講『虔誠』（piety）這個概念。」奧斯卡說。「對於什麼是虔誠，什麼是不虔誠，我不知道你們理解的程度到哪裡。」

你是知道？還是不知道？

果然，就像在學校，只要沒預習功課的學生一定會被老師抓到，奧斯卡好死不死點名到我頭上：

「你對蘇格拉底在歐緒弗洛篇（Euthyphro）關於『虔誠』的對話熟悉嗎？」

「不是很清楚。」我語帶抱歉地說。

奧斯卡立刻停下來，教室的空氣瞬間僵住了。

「**什麼叫『不是很清楚』**？」奧斯卡整個身體朝著我轉過來，這絕對是他要火力全開的前兆。

「咦？我說錯了什麼嗎？」一時之間我像不知道做錯了什麼的孩子，立刻心慌意亂。

「不是很清楚，是知道，還是不知道？」

「只知道一點點。」其實我一點都不知道，連歐緒弗洛篇在講什麼都不曉得，但是不知道為什麼，好像說知道一點點比說完全不知道，要來得有面子一些，所以就勉強這麼說了。

沒想到奧斯卡一點也沒有放過我的意思：

「一點點？」他說，「那告訴我你知道的那一點點是什麼。」

「這……」我頓時面紅耳赤，好像被抓到說謊的小孩。

「**你到底是知道，還是不知道？**」奧斯卡追問。

深呼吸了一口氣，感覺到所有的眼睛都聚集在我身上，我充滿恥辱地一字一句說：

「對不起。」

「你跟我『對不起』做什麼？」奧斯卡用鼻子哼了一聲，「我能拿你的

『對不起』做什麼？我應該覺得高興嗎？」

不知不覺，我犯了他的另外一個大忌，但是我要到後來才知道。

「所以你這時候應該說的是『對不起』嗎？」

我像犯錯的小朋友那樣搖搖頭。我感覺到自己正在接受真心話大冒險裡面的懲罰，但是比對外大喊「我是豬」，或是當眾扭屁股一分鐘還要屈辱。

「所以你應該說什麼？」

「我不知道。」我拿奧斯卡完全沒轍了，只能完全放棄。「動輒得咎」這成語的起源，根本就是奧斯卡的學生發明的吧！

沒想到，奧斯卡卻樂了。

「沒錯，答對了。你剛才的答案應該是『我不知道』，而不是『只知道一點點』，哲學思考裡，沒有什麼叫做知道一點點，因為知道就是知道，不知道就是不知道。」

「所以接下來我要問你，你剛才為什麼要騙我？」奧斯卡還緊咬著不放。

「我沒有要騙你的意思，奧斯卡。」我立刻辯解。

這時我可以看到全班倒抽了一口冷氣。

「你說實話了嗎？」

「沒有。」

「沒有說實話，不就是騙嗎？」奧斯卡說。

「可是騙這個字，是不是有點嚴重……」我忍不住繼續解釋，希望奧斯卡能理解。

可是顯然這只是火上加油。

「我們剛才解釋了那麼久什麼叫『Parrhesia』，難道你都沒聽進去嗎？」奧斯卡顯然有些生氣。

「我聽進去了。」我說。

「那你說說看什麼是『Parrhesia』。」

很明顯地，如果這一次我說知道，但是又說不出來，火爆的奧斯卡肯定會叫我當場捲鋪蓋走路。

「我沒有辦法跟你說的一模一樣，我能說我對所謂『Parrhesia』的理解嗎？」我猶如驚弓之鳥，「如履薄冰」已經不足以形容我的惶恐。

「我有要你跟我說一模一樣的話嗎？」

「沒有。」

「所以你是知道，還是不知道？」

「知道。」

「那你說啊！」

我只好硬著頭皮說：「所謂『Parrhesia』就是中文成語裡面說的『知無不言，言無不盡』。」

奧斯卡聳聳肩，沒有表示反對。這時整個教室緊張的氣氛，才鬆了一口氣。

「但是你今天有一個功課。」在放過我之前，奧斯卡給了我一個作業。「你要想清楚，為什麼說『我不知道』對你來說如此困難。然後明天早上第一件事，就是向大家報告。」

我點點頭。然後課程才繼續進行下去。

用哲學，做自我諮商練習

雖然這只是一個小插曲，而且每個同學遲早都會給自己惹上不同程度的麻煩，像我這樣，知道太少也不行，但像祕魯的大學哲學教授夫婦，知道太多也不行，被說成「帶著哲學的壞習慣」「躲在哲學的象牙塔裡面鑽牛角尖鑽不出來」，並沒有比較好。總之真的就是「動輒得咎」，沒得話說了。

整天我都很認真在想這個問題：「不知道就說不知道，不是很簡單的事嗎？為什麼我做不到？」

我知道，這是奧斯卡給我的一節自我哲學諮商練習。

按照奧斯卡的訓練，首先第一步，我必須釐清，這是我自己個人的問題，還是文化的問題？語言的問題？

我立刻發現不只是我一個人。在亞洲，我們對於自己不知道的事情，總是不願意承認自己一點都不知道，習慣的反應總不外乎是：

1、用很含糊的方式說「不是很清楚」，或是「知道一點點」來替代承認「我不知道」。

2、發出「喔喔喔」「嗯嗯嗯」這種意味不明的聲音，讓對方覺得我好像知道，但是保留著一旦被追問的時候，辯解「我剛才又沒有說我知道！」的權利。

3、會說「好像聽那個誰誰誰說過」或是「好像最近在電視哪個什麼節目上看過」，藉著把毫不相干的第三者拉進來，把自己不知道的責任推出去。

4、明明不知道，但是先說「我知道」，後來搞清楚以後再回頭解釋「剛剛我以為你在說那個什麼什麼……」。

5、只有很少數的人，確實會說「我不知道」。

把我打回原形的哲學諮商

所以我發現，自己會這麼回答，應該不是我一個人的問題，而是**集體的問題**。無論在泰國還是台灣，緬甸還是日本，好像都會這樣，最有感的是在緬甸問路，問十個人往往會指出十個不同的方向，但是用常理判斷就知道不可能十個人都是對的，頂多只有一個人真的知道，另外九個人都不是真的知道我想要去的地方在哪裡，往往反而帶來更多的困擾。

「如果剛才直接老實告訴我『不知道』，我可能就會少走很多冤枉路了啊！」

雖然深受其擾，但是我直到被奧斯卡抓包之前，並沒有發現自己其實也是這樣的。

雖然我發現這是集體的問題，但不代表我就可以安心了、自己沒有責任，因為我很清楚，「我」就是集體的一部分，是這個說不出「我不知道」

的文化的一部分。

接下來按照奧斯卡的方法，進入到第二步，我要問自己：「**我為什麼怕說『我不知道』？**」

從生活當中，我不願意直說「我不知道」的場合，我發現有幾種顧慮：

被問路的時候說「不知道」好像不友善、不禮貌。

直接說「不知道」，顯得太隨便、沒有努力。

說「不知道」很丟臉，會覺得自己很笨。

說「不知道」很丟臉，會被別人認為很笨。

說「不知道」會顯露自己沒有自信。

第三步是找到問題，也就是所謂的「問題化」（problematization），這些讓我不願意說「我不知道」的顧慮，應該都可以找得到問題：

被問路的時候說「不知道」雖然好像不友善、不禮貌，但是難道讓人走錯路比較友善、比較禮貌嗎？

直接說「不知道」，或許顯得太隨便、沒有努力。但是不知道的事情，像是微積分，像是歐緒弗洛篇，努力就會知道嗎？

說「不知道」很丟臉，會覺得自己很笨，但是這不就是事實嗎？

說「不知道」很丟臉，會被別人認為很笨，但是用含糊其辭的方式，別人難道看不出來我其實不知道嗎？別人有因此覺得我很聰明嗎？

說「不知道」會顯露自己沒有自信，但是「什麼都知道」跟「自信」有直接關係嗎？我們看到電視上超有自信的政治人物，像是美國總統川普，他什麼都不知道，不也很有自信嗎？

我很驚訝地發現，拒絕說「我不知道」是如此的不理性，但是我們卻用得這麼頻繁、而且如此隨意，欺騙別人的同時，也在騙自己。久而久之，讓我們以為自己比實際上更厲害一些，好像什麼都「有點知道」，其實並非如此，所以當我們的謊言被輕易拆穿的時候，卻覺得對方是粗魯、無禮的。

奧斯卡只是把我**打回原形**而已，就像神話故事中的妖怪被打死後，就會

【哲學練習】

面對「我不知道」這個問題做自我諮商練習

第一步
釐清這是我個人的問題，還是文化的問題？語言的問題？
第二步
要問自己「我為什麼怕說，我不知道。」
第三步
找到問題之後，將之問題化。

顯出原來的樣子，或是通過一些手段找到事物被掩蓋的本相和找到最初的原狀，就像「真心話大冒險」的遊戲那樣，我們對自己的偽裝被揭穿，露出了本來面目。

何時開始我不敢說：我不知道

那天晚上，我失眠了。

我其實滿羨慕身邊那些可以輕易地說「我不知道」的歐洲同學，在他們的身上，我甚至看到一種**自信**，非常明確地知道自己不知道，彷彿光榮地向世人宣告：「我就是不知道！」蘇格拉底不是說他像一隻獵犬一樣追尋真理的足跡，「我只知道一件事，那就是我什麼也不知道。」偉大的哲學家如蘇格拉底，都可以說我不知道，為什麼我覺得「我不知道」是說不出口的髒話？

「我是從什麼時候開始，變得沒有辦法誠實說『我不知道』的？」

然後我想到小學課堂上，我被老師叫起來回答問題。

「老師，對不起，我不知道。」我看到童年時比一般孩子身形還要弱小的我，恐懼地小聲回答。

「你怎麼可以不知道？」老師暴跳如雷的樣子，「我不是教過了嗎？考試考這題出來，你可以回答『我不知道』嗎？」

然後，我就跟其他孩子一樣，變成再也不敢說「我不知道」的人，慢慢地，長大以後變成不敢說「我不知道」的大人。

小時候我看到校長站在台上，長大以後看到政府官員站在立法委員面前接受質詢，我可以輕易辨識他們的伎倆，他們其實都不知道，甚至不知道接下來自己的嘴裡會吐出什麼話來，但是他們還是逼迫自己口若懸河，一直說、一直說，什麼都說了，就是說不出「我不知道」這四個字。

慢慢地，我就有了一個根深蒂固的印象：原來在社會上，想要變成成功的人，是不可以說「我不知道」的。

想通以後，我也就沉沉睡去了。

說「我不知道」很丟臉？

隔天早上，奧斯卡沒有忘記在開始上課之前，指名要我交代為什麼說「我不知道」對我這麼難。於是我把小時候在學校不允許說「我不知道」的陰影，描述給其他同學聽。我看到大多數的歐洲同學們，都露出驚訝的神情。

「只有你的老師這樣嗎？還是大多數老師都這樣？」有人問。

「我從小到大，在亞洲大多數的老師都是這樣的。」我回答。

包括奧斯卡在內，都用非常同情的眼光看著我。

「有沒有人能說出『不知道』的好處是什麼？」

「在我們國家，無論是哪一個科目，如果有一個學生說『我不知道』，老師會說：『太有趣了！那可不可以告訴我你知道什麼呢？』」一個芬蘭的中學哲學老師說：「當這個學生把他知道的部分說清楚了，大家明白他不知道的是什麼部分以後，老師就會問有沒有哪一個同學能夠用清楚明瞭的方式，解釋給聽不懂的同學聽，這樣我們當老師的，也才有機會知道那些覺得自己懂的學生，理解是不是正確，或是有沒有更簡單的方法，來講述一個概念。」

「很多時候，我們是從學生彼此的對話，才知道癥結點在哪裡，甚至引發出一些老師從來沒有想過的問題，挑戰老師也去思考，所以有人『不知道』，對大家都很有幫助。」

於是大家紛紛告訴我，他們認為說「我不知道」的好處。

「直接說『我不知道』，就避免需要假裝知道、繼續說謊。」

「說『不知道』，奧斯卡就不會繼續追問下去。」

「我有時候明明知道也會說『我不知道』，這樣人家才不會因為我太聰明而嫉妒我。」一個俄羅斯哲學博士後研究生這樣說完，大家都笑了。

於是，我從小對於說不出「我不知道」的心結跟羞恥感，就這樣解開了。

「Parrhesia」，我在舌尖反覆咀嚼這個陌生的古希臘字，知道從此以後我可以擺脫「社會化」的沉重包袱，凡事實話實說，心裡輕鬆多了。雖然奧斯卡的方式超級激烈，但是我看到奧斯卡重現蘇格拉底時代的對話與辯論，用詰問來引導人思考，就像蘇格拉底教導學生的時候那樣，從不直接給予知識；而是透過引導，甚至是一些震撼（astonishment），讓學生**透過思考與辯論，自己找出真理**。

【哲學練習】

奧斯卡

你對蘇格拉底歐緒弗洛篇關於「虔誠」的對話熟悉嗎？」

不是很清楚。

奧斯卡

什麼叫「不是很清楚」？是知道，還是不知道？

只知道一點點。

奧斯卡

一點點？那告訴我那一點點是什麼。

這……

奧斯卡

你到底是知道，還是不知道？

對不起。

奧斯卡

你跟我「對不起」做什麼？這時你應該說「對不起」嗎？

…… 我應該說「我不知道」。

奧斯卡

沒錯，答對了，你剛才的答案應該是「我不知道」。

思考：震撼哲學課從此刻開始，透過思考與辯論，自己找出真理。

07

不准說「請、謝謝、對不起」

從小被教導要把「請、謝謝、對不起」掛在嘴上的我，被頒了禁口令，這簡直是不可思議的事……

有禮貌是重大缺點？

或許是我太習慣動不動就說「對不起」，每次回答奧斯卡問題時只要一被質問，心一慌，忍不住就會說「對不起」，終於把奧斯卡惹毛了。他於是立下一個奇怪的新規矩：

「從今天開始，你只要在我的課堂上，一律不准講『pleasantries』（禮貌用語）。」

從小被教導要把「請、謝謝、對不起」掛在嘴上的我，被頒了禁口令，這簡直是不可思議的事。

「這是哪門子的規定啊！」我心裡忍不住嘀咕。「我是不是參加了什麼邪教！」

其實不只是我，我們都陸陸續續被立下規定，比如說義大利人安德烈講話的時候也被規定不准比手畫腳。

愛表達意見的俄國人伊凡被規定如果沒有至少三個人在他之前發言的話，不准開口發表意見。

「叫義大利人講話不可以有手勢，我們根本就變啞巴了！」安德烈下課時跟我私下抱怨。

我心裡很不服氣。從小到大，總是因為有禮貌被誇獎，從來沒有受到過差評，講起日文敬語、英式英文的時候也毫不手軟，能多婉轉就用最婉轉的語法，能多禮貌就卯起來禮貌到讓人起雞皮疙瘩，沒想到我引以為傲的禮貌用語，竟然被法國哲學老師當成重大缺點！

「為什麼？」我下課的時候忍不住去問奧斯卡。他說安德烈講話動作很誇張，讓他頭昏，這個我可以理解，因為我看得頭也很暈，可是不准說禮貌用語，有什麼特別的意義嗎？

「你真的想知道？」奧斯卡聳聳肩。

「那你今天晚上回去想想，明天上課前告訴大家你想懂了什麼。」

啊啊啊啊啊啊！我本來很小的眼睛，瞪得像銅鈴一樣大，我為什麼會這麼笨，自己給自己找麻煩！

但就像小和尚相信老禪師給的公案，肯定蘊含有深意一樣，我相信奧斯卡之所以會禁止我講我最擅長的禮貌用語，應該有很重要的原因，而且跟思考的障礙有關，只是我不知道而已。

想了一整晚，我覺得在國際NGO工作久了，發現英國人、日本人、泰國人、華人有時候都會過度使用禮貌用語，但是原因不大相同。

越禮貌離誠實越遠

日語或是泰語當中過度使用敬語時，是為了刻意拉出人跟人之間的禮貌距離。當對方使用最高級的敬語時，是一種有意識的提醒，提醒你們雙方之間的距離，肯定不是朋友之間的友好關係——我對你客氣，因為你是客戶，不是因為對你有好感，請不要肖想癩蝦蟆吃天鵝肉，跨越雷池一步。

華人過度禮貌用語，則是說話人為了更加突出自己的感激之情，達到更好的交際效果，有意識地打破普通致謝的恰當性常規，像是重複（連說好幾次「謝謝」好像唱片跳針）、後果假設（「沒有你我死定了！」）、情感誇張（「太太太感激了！我下輩子做牛做馬報答！」）和語碼混用（多謝！Thank you dear! 啾咪！）而形成的特殊話語，是有強烈目的性的。

但是當英國人這麼做的時候其實常常是為了不要把事實直接說出來，因為英國人相信話不用講白、講滿，對方都應該可以聽得出話中有話。我在網路上找尋線索，突然在一個專門寫倫敦生活的部落格看到其中一篇標題寫著「ARE THE BRITISH TOO POLITE TO SPEAK THE TRUTH?」（英國人是不是太禮貌以至於講不出實話？）時，我的心裡震了一下。

「Parrhesia……」我好像被棒子狠狠敲了一下，腦海裡閃過奧斯卡告誡我們這個重要的古希臘字，實話實說，知無不言，言無不盡，所言必真。

沒想到，我**引以為豪的禮貌，卻讓我離開了誠實**，玩弄文字遊戲。後來我知道，在哲學上有一種錯誤，叫做「修辭問題」（rhetorical question），我時時刻刻犯錯而不自知。在生活上，我有時候也會因為犯這種錯誤而造成跟人之間的不愉快，比如說，我們一群人去划海上獨木舟，兩人一組互相照應，我擔心海潮越來越強勁想回頭，這時候我很自然地說：

「或許我們應該掉頭了嗎？」

建議了兩、三次，夥伴卻完全無視，直到我發脾氣了，開始吹哨子大吼：

「回頭！回頭！」

夥伴才很驚訝地說：「你幹嘛那麼生氣？」

「因為我說了好幾次，我們該掉頭了，但是沒人理我！再不回頭太危險了！」

「那你怎麼不早說？」

「怎麼沒說？我說了好幾次！」

「不，你說『或許我們應該掉頭了嗎？』那不是建議，只是徵詢意見，所以根本沒在乎，因為我的意見跟你的不一樣。」

「這不叫建議，那怎樣才叫建議？」

「建議應該是：『我們該掉頭了。』這樣我就會跟著你回頭了。」

當時我還在氣頭上，覺得這個夥伴根本是強詞奪理。

現在我回想，錯的人是我。我用禮貌來包裝自己強烈的建議，但是包裝過了頭，到聽話的人聽不出實話的程度。

找出思考的敵人

「修辭問題」是假問題，比如說我跟夥伴說的，表面上好像是在問問題，其實根本不期待對方回答，或問題的答案太過明顯，像是英國人很容易會拐彎抹角說「You didn't possibly think I would say yes to that did you?」（你該不會認為我有一丁點說『是』的可能吧？）這時，他只是在說「不」，而不是在問問題。或是火爆的上司常會對下屬說：「Are you stupid?」（你是白痴嗎？）根本只是在陳述自己的意見。當媽媽跟吵著要昂貴玩具的小孩說：「你以為錢是從樹上長出來的嗎？」這個白痴問題的目的，根本只是在說服對方。

有的修辭問題，根本就沒有答案，只是在玩文字遊戲。像是媽媽跟小孩說「我要跟你說幾次沾泥巴的鞋子不要穿到家裡面？」這時她並不期待孩子回答「十六次」，如果孩子真的回答了，無論答案是什麼，都只會火上加油。

我每天都用自以為的禮貌，將自己帶離了真實。一旦脫離真實，人就無法誠實地思考。「禮貌用語」原來是我學習思考的敵人。

發現了這個問題之後，我開始謹慎地使用「禮貌」，但還是難免會有擦槍走火的時候。一年之後，奧斯卡又對我發了另外一個禁口令，那就是不准對他說我時常掛在嘴邊的「Why not?」（為什麼不呢？）原因很簡單，這根本就是另一個沒有答案的「修辭問題」，但這次我一下就坦然接受了。

奧斯卡是對的，而法國哲學踐行學院也不是什麼邪教，只是我當時道行太淺，看不懂道理。

當我的意思是「不」時就說「不」，而不是原本我會留一個模稜兩可的

「那再看看好了」，日後當我如此斷然拒絕一個想要跟我合作的哲學教育夥伴時，對方非常生氣地指責我說：

「你比你的老師奧斯卡還要怪！」

當時我忍不住笑了出來，這真是我學習哲學以後，得到最好的讚美。

【哲學練習】

英譯
fearless speech
褚士瑩：
知無不言，言無不盡。
Parrhesia
中譯
說真話
傅柯解釋
坦率、真理、危險、批判、義務。

08

我們都想當蝙蝠俠，不想當布魯斯・韋恩

人人都應該承認自己的無知，無知是知識的開始。

其實你不用這樣做

有一次企業內部的團體哲學諮商，奧斯卡要求我當助手，這也是讓平常只習於看到管理顧問諮商的我，見習奧斯卡如何使用哲學來做企業諮商的好機會。

當天的主題是「如何面對企業內部溝通問題」，顯然這是一個溝通遇到瓶頸的企業，所以召集了各部門主管來參加。

在進行的過程當中，有一位來自營業部的主管，總是扮演「開心果」的角色，在氣氛緊張的時候突然蹦出一個笑話來，緩和氣氛。

很讓人意外的是，奧斯卡顯然對於這個人特別感冒，一點也不感謝他不時幫大家「破冰」，甚至每次在被開心果提出的笑點打斷的時候，不但沒有跟著大家笑，反而顯出非常憎惡的樣子。

雖然我不知道為什麼奧斯卡不喜歡這個素昧平生的員工，但是我知道奧斯卡思考時需要沉穩的環境，不喜歡浮躁的氣氛，或是思路被打斷。

奧斯卡的情緒隨著開心果的插科打諢越來越升高，終於到了一個點，像一條繃緊的橡皮筋那樣斷了。奧斯卡拍著桌子，指著開心果說：

「你到底為什麼要這樣？」

開心果還是一副嬉皮笑臉的樣子：「緩和一下氣氛！不然太嚴肅了，不好！」

奧斯卡環顧整間會議室，問：

「這位同事平常就是扮演公司的開心果角色嗎？」

眾人紛紛點頭，有些甚至緊張地笑了。

「喜歡他這樣做的舉手。」

幾乎所有的手都舉了起來，奧斯卡問大家原因，大多數人都說，緩和工作情緒，或是緊張狀況的時候，有個人出面緩頰，對職場是有幫助的。

奧斯卡對著開心果說：

「但是在場的人，我相信一定有人相當厭惡你這麼做，你相信嗎？」

開心果說他不相信。於是奧斯卡請其他沒有舉手的人，說出他們沒有舉手的原因，於是我們紛紛聽到各種平常聽不到的聲音：

「他的笑話時常顯示對女性不尊重。」

「他一說笑話，本來已經快要有結果的討論，就又退回到了原點。」

「他把對外做業務面對客戶的那一套嬉皮笑臉帶進公司管理，跟公司文化不合。」

奧斯卡問臉色越聽越沉重的開心果：「有人跟你說過這些實話嗎？」

「沒有。」開心不起來的開心果搖搖頭。

奧斯卡又環視會議桌上的其他人。

「你們為什麼沒有人告訴過他你們真實的想法？難怪你們公司會有內部溝通的問題，因為為了『人和』，沒有人願意說實話！」

「但是你們有沒有想過，說不定這位同事覺得這並不是真正的他，他只是為了公司，才勉強這麼做的呢？」

開心果緩緩地點點頭。

「如果有人告訴他：『其實你不用這樣做。』他就不用躲在面具後面當蝙蝠俠，可以當他的布魯斯．韋恩了。但是現在的他，卻只能當蝙蝠俠，因為蝙蝠俠比布魯斯．韋恩更真實。你們不覺得這樣很荒謬嗎？你們以為憂鬱症是怎麼來的？」奧斯卡說出了非常生動的比喻。

蝙蝠俠迷應該都知道，蝙蝠俠的真實身分為布魯斯．韋恩，是一個美籍億萬富翁、企業家和慈善家。十歲時目睹了雙親被歹徒殺害，因此立下向罪犯復仇的誓言。長大後，布魯斯開始訓練自己的身體和智力，並開發了蝙蝠戰衣以打擊犯罪。照理來說，蝙蝠俠的身分是假的，布魯斯．韋恩才是真的，可是不知不覺，蝙蝠俠漸漸變得比布魯斯．韋恩更真實，甚至這個世界只需要蝙蝠俠，不需要布魯斯．韋恩的時候，被蝙蝠俠佔領的布魯斯．韋恩，還能快樂嗎？

從那一刻開始，這個想要解決內部溝通問題的哲學工作坊，就順利找到**關鍵問題**，進入了核心：「我們公司之所以會有內部溝通問題，是因為這是一個沒有人願意說實話的公司。」我在一旁觀察，對於奧斯卡的觀察能力和引導能力，只能說是佩服得五體投地。

填滿空白的執著

奧斯卡的「蝙蝠俠」理論，後來在我開始進行哲學諮商以後，當客戶的問題是關於工作時，我時常謹記在心。

比如我第一個來自捷克的會計師客戶魯卡斯，他的問題是：

「我剛拿到一個錄取通知，我應該跳槽嗎？」

「你的直覺怎麼告訴你？」我問魯卡斯。

「如果錢比現在多的話當然就去啊！」

「但是如果多想一下的話，你覺得應該還要考慮什麼？」

「我覺得我應該等一等，把新工作的內容問清楚，看看是不是跟我的專業技巧很吻合，但是又怕因此錯失機會。」

「所以你覺得難以決定？」

「正是如此。」魯卡斯說。「到底應該行動還是不行動，讓我很困擾。」

「魯卡斯，你有沒有發現，其實你兩種選擇，都有行動？」

「有嗎？我沒發現。」

「直覺告訴你的行動，是什麼？」

「是『去』。」

「但是正式思考，你卻看不到行動？」

「當然，因為只能等，而且搞不好因此錯失良機。」魯卡斯說。

「『等』是不是一種行動？」我提醒他，「比如說你在咖啡廳等人，是行動，還是不行動？」

「這樣說的話，等是一種行動。」

「沒錯，而且你說『等一等，把新工作的內容問清楚』，『問』難道不是一種行動？」

「嗯，問確實也是行動。」

於是我在紙上從中間畫一條線，一邊寫著「急迫」（imperative），另外一邊寫的是「延遲」（delayed）。

接著我請他寫下選擇，因為這可以幫助我們雙方整理魯卡斯的思考路徑：

1、哪個對你來說比較容易？

2、哪個時間比較短？

3、哪個比較需要耐心？

4、哪個比較膚淺？

5、哪個比較符合習慣？

6、哪個是感覺？哪個是理性？

魯卡斯做完選擇之後，立刻發現跳槽比較容易，跟著感覺走，需要的時間短，不需要耐心，也符合自己的習慣，但是比較膚淺。

但是等一等，問清楚再決定要不要跳槽，比較困難，需要較長的時間，需要耐心，比較深刻，符合理性，但是跟自己過去的習慣相違背。

我請魯卡斯看著細線的這兩邊。

「有哪一邊是理想的人生嗎？」我問。

魯卡斯搖搖頭。

「你有很驚訝，發現你一開始以為必須在難以抉擇的兩端選擇的，其實都不是你要的嗎？」

「我很驚訝。」魯卡斯說。

「你可以想得到為什麼嗎？」我問。

魯卡斯想了很久，最後搖頭，表示他實在想不出來。

「魯卡斯，雖然我們不認識，過去也沒見過面，我可不可以做一個大膽的假設，你是個完美主義者。」我說。

魯卡斯很吃驚地看著我：「我的確是。」

「你想知道我是怎麼知道的嗎？」我笑著問他。

「當然想。」魯卡斯。

「很簡單，因為你是會計師。」

刀槍不入的完美「蝙蝠俠」，跟血肉之軀的「布魯斯．韋恩」的內在抗爭，在這裡終於出現了。

一個好的會計師當然必須是完美主義者，因為會計師必須將專注力，放在那些excel表格上需要填滿但是還缺少的空格，而不是已經有的數字上，一旦已經有的，突然就不重要了。

承認無知，認識自己

會計做帳的時候，即使其中百分之九十九是正確的，也不能結帳，因為要將那百分之一的問題徹底解決。但是在生活中，我們要享用人生之前，並不需要擁有百分之百，也不可能擁有全世界的百分之百，即使只擁有百分之一，如果能專注於已經擁有的，好好珍惜、享用，也可以過好日子。

我的思緒，飄到我工作多年的緬甸內戰地帶山區的難民營，這也是為什麼讓我離開緬甸到法國來學習哲學的原因。在那裡，每個人離開故鄉，失去了可以回去的家園，不知道接下來會到哪裡，孩子沒有教育，成年人沒有工作機會，病了沒有醫療，也沒有除了耕田種地以外的工作技能，未來沒有希望，臨時用竹子搭建起來的住宿，沒有可以遮風避雨的屋頂，那大概是我所見到「沒有」得最徹底的地方了。我們在聖誕節來臨之前，為他們的聖誕大餐募款，讓他們在難捱的一整年最後，能夠好好吃一頓飯，美其名為「聖誕大餐」，每個人的食物預算其實只有一塊錢美金，但是那一頓，盛在保麗龍盒子裡的白飯上，有著一大塊肥美、油滋滋的紅燒肉，這是每人每天食物預算只有新台幣十元的難民營伙食吃不到的。那一天，他們排了很久的隊，每個人都專注在他們擁有的，很久沒有吃到過的紅燒肉，而暫時忘記了他們沒有的，於是他們的臉上，露出真誠滿足的笑容。

「因為會計，只是工作，不是人生。」我對魯卡斯說，「你想用會計的原則來計算人生，但無論你多麼會精打細算，都計算不出理想的人生。」

「在工作上你可以是會計師，但是在生活上，你不能變成會計師，把眼光只放在數字沒有完美平衡的地方。」

魯卡斯肯定完全沒有預期到我們的討論，從他的工作選擇，突然變成了對人生的態度，但是他似乎知道，這是問題真正的癥結所在。

「你有沒有想過，你什麼時候不是會計師？」

魯卡斯搖搖頭，表示他從來沒這樣想過。

「對會計師來說，『沒有』是好事，還是壞事？」

「是不好的。」

「但是在生活當中，『沒有』一定是不好的嗎？」

奧斯卡曾經講他的老師蘇格拉底批評人們對於外在事物的執著（obsession）跟追求，想要豐衣足食，想要有錢，想要得到愛。

因為執著，忘記了他們明明已經有東西吃，已經有水喝，身上已經有錢，生活裡已經有愛，卻只想要更多，以至於忘記了生命的意義，並不是一直把自己填滿，而是對內在自我的認識與省察。

蘇格拉底相信一個人如果要能夠自我認識與省察，就要時常保持足夠的空缺。許多有錢人家和窮人家的子弟常常聚集在他周圍，向他請教，蘇格拉底卻常說：「我唯一知道的，就是我知道自己一無所知。」

蘇格拉底以自己的無知而自豪，並認為**人人都應該承認自己的無知**。**無知就是知識的開始**。承認自己的無知，也就是認識了自己。西方哲學三大範疇之一知識論（Epistemology）的起源，正是追溯到蘇格拉底的名言。

我趁這個機會，告訴魯卡斯一個我從奧斯卡那邊聽來的，關於「填滿」的問題。

「你有吃過瑞士起司吧？」我問魯卡斯。

「當然吃過。」

「瑞士起司是一種奇妙的東西，有時候，切開來會發現，起司裡面的孔洞，有時小則像櫻桃，大則像高爾夫球，這些洞的部分，有時比起司的部分更多。你有注意過嗎？」

魯卡斯點頭。

「我不怎麼懂起司，但據說這是在發酵過程中，一種名為丙酸菌的菌類在牛奶中造成的，而這是讓瑞士起司變得美味的祕訣。你可以想像這種來自瑞士中部伯恩州埃文達（Emmental）地區的起司，如果完全沒有洞，那還叫瑞士起司嗎？」

「無法想像。」魯卡斯說。

有趣的是，乳製品業者把乳酪裡面的孔洞稱之為「**眼睛**」（eyes），若一塊乳酪沒有「眼睛」，就會被稱為「瞎子」。如果你想要像填滿excel報表那樣，把人生所有空的地方通通填起來，並不會讓你變成最好的瑞士起司，卻有可能讓你變成看不見的瞎子。

我知道，我跟魯卡斯的諮商到了做結論的時候。

「如果你選擇跳槽的原因，是為了把人生填得更滿的話，那麼恭喜你，魯卡斯，你朝變成『瞎子』的方向又邁向一步。」

「所以魯卡斯，你要當蝙蝠俠，還是要當布魯斯．韋恩？」

魯卡斯馬上聽懂我的比喻，笑著起身握手說：「謝謝，我知道我應該怎麼做了。」

我想，我也知道我該怎麼做了。

NIETZSCHE

【哲學練習】

我唯一知道的，就是我知道自己一無所知。

——蘇格拉底

09

哲學是語言的X光

每一個客氣而節制的語句背後，都包裝著一個「概念」。

哲學好好用？

在法國上哲學課，像是**打開了一扇窗戶**，讓我逐漸看到如何能夠運用概念，引導讓心理諮商對於個人、或是管理顧問對於企業，沒有辦法到達的死角「現形」，我從來不知道，哲學原來這麼「好用」，顛覆了原本我對於哲學的陌生跟恐懼感。

「你真的覺得哲學有用嗎？」奧斯卡對於我的讚美，只是不以為然地聳聳肩。「哲學也好，哲學諮商也好，就算有什麼發現，其實什麼都改變不了。」

「不能改變？」

「你以為人能改變嗎？」奧斯卡說，「回答我，一個人要殺幾次人，才會被叫做殺人犯？」

「一次就夠了。」我說。

「但是他這一輩子，就永遠是殺人犯，不是嗎？」

我點點頭。

「所以哲學能夠讓一個殺人犯，變成不是殺人犯嗎？」

我搖搖頭。

「因為在哲學上，沒有什麼叫做例外，一次就是永遠。」奧斯卡進一步說一個有趣的例子，「所以如果有人說他以前如何，現在不會了，請你一定不要相信他。像有學生告訴我，跟我學哲學以前，他會胡思亂想，現在學了哲學就不會胡思亂想，我一點都不相信，因為殺人犯就是殺人犯，不會改變的。」

「那我們學這些的意義是什麼？」我問。

「唯一有意義的，是幫助自己、幫助別人意識到思考是怎麼運作的，所以更清楚知道語言背後真正的意思。」

然後我突然懂了，為什麼每次在課堂上，如果有人回答「有一點」（a little bit），如何如何，奧斯卡都會冷笑一聲。

「白馬王子問白雪公主：『妳愛我嗎？』如果白雪公主的回答是：『有一點。』這樣到底算是愛還是不愛？」

「不愛。」被問到的學生只能很尷尬地回答。

「所以有一點愛，就是不愛。請你不要跟我說有一點這種有的沒的，直接說不愛就好了。」

如果有人不小心說了「有時候」（sometimes），奧斯卡也會又把這兩個世紀戀人提出來：

「白馬王子問白雪公主：『妳愛我嗎？』如果白雪公主的回答是：『有時候。』這樣到底算是愛還是不愛？」

「不愛。」被問到的學生只能很尷尬地回答。

「所以有時候愛，就是不愛。請你說不愛就好了。」

所以我們說有時候自己脾氣很暴躁，其實也不是有時候，肯定總是如此，只是我們自己不願意承認罷了。

而我們說自己覺得有一點煩的時候，其實不是真的只有一點，根本就是煩，否則就會說一點都不煩。因為在思考中，「有一點」根本是不存在的。

「但是別被騙了，當一個人說自己『一點都不煩』的時候，他的心裡在想什麼？」

「想著煩。」奧斯卡的老學生法蘭西斯說。

「沒錯，因為說否定詞時，心裡就在想著那個詞語。」

當一個人說著：「我不是缺乏自信」時，他的心裡當然是認為自己沒有自信的。因為一個真正有自信的人，根本不會想到「缺乏自信」這個概念。

語言背後的深刻用意

我回想在生活中，是不是也有這樣的例子。我想到每次只要聽到有家長或老師一開口說：「我這個人是最開明的……」就暗暗叫苦，踢到了鐵板，因為會這麼說的人，通常是最固執、最古板、而且根本無法溝通的人，但是他自己並不知道。

於是我開始去收集生活當中時常聽到這些「似是而非」的話語，幫助我去理解說話的人背後真正的意圖。

當一個人說：「我這個人天生就是個心直口快，個性又大剌剌，有話直說的人。」他其實是個拐彎抹角的人，只是假借有話直說來粉飾自己的偏見。

當一個人說：「你說的我完全同意，但是……」的時候，代表他一點都不同意你說的。

如果一個人說：「我對這方面是外行……」他其實覺得自己才是內行，你是外行。

當一個人說：「抱歉我得這麼說……」的時候，表示他一點都沒有抱歉的意思。

用「我是擔心……」來「示弱」，其實他的意思是「我很反對」。

一個建議別人「這樣試試沒什麼壞處……」的人，他其實說的是「你只要照我說的做就對了」。

而當一個人說：「如果你能如何如何，我會很謝謝你」，其實跟道謝一點關係都沒有，他只是在掩飾內心對你的不滿。

如果一個人的句子使用「如果我錯了請糾正我」或是「我不太確定……」事實上他非常肯定他自己是對的，而你是錯的。

每一個客氣而節制的語句背後，都包裝著一個「**概念**」，當我專注地剝開糖衣，尋找真正的概念時，哲學不只是一扇窗子，哲學成了語言的X光，讓我可以看到思考這隻怪獸的骨骼結構；我也對於奧斯卡時常強調的「**如果要學會思考『思考』這件事，就要從思考『語言』本身開始**」究竟是什麼意思，有了越來越深刻的認識。

【哲學練習】

白馬王子問：
妳愛我嗎？
→
白雪公主答：
有時候。

白馬王子問：
妳愛我嗎？
→
白雪公主答：
一點點。

思考：白雪公主到底愛不愛白馬王子？

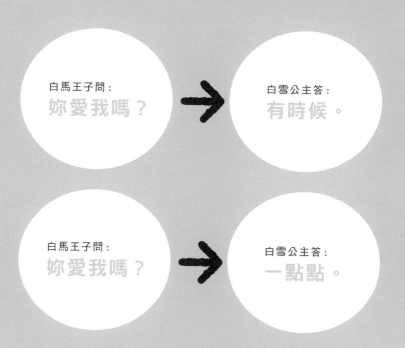

10

學習整理自己的想法

把原本混濁的思考，變得像清澈的水那樣透明。

今天的分組討論

隨著奧斯卡的課程進行，我可以感受到大家的情緒越來越高漲。因為奧斯卡嚴厲的態度，讓一些不習慣他風格的學生，覺得他根本是暴君、在存心找碴。

每天晚上晚餐過後，我們會開始兩兩一組訓練哲學諮商。一開始幾天是由有經驗的「學長」擔任諮商師，使用特定的哲學思考工具來引導沒有經驗的菜鳥扮演客戶，當然我一開始就是那隻菜鳥。

逐漸熟悉流程之後，我們變成三人一組，每兩個菜鳥配一個學長，學長擔任教練的角色，兩個菜鳥則輪流扮演諮商師跟客戶。就像棋藝教室一樣，菜鳥每走一步以前，都要先跟教練說明自己為什麼要走這一步棋，教練則會謹慎地評估這一步的後果，確定學員意識到自己的思考及語言。

這一天晚上，我跟伊朗來的馬漢分在一組。

在波蘭念政治哲學研究所的馬漢人如其名，是一位橫衝直撞、血氣方剛的帥氣小伙子，唱起波斯語的古曲，會讓人起雞皮疙瘩的那種。他跟我一樣是第一次來上奧斯卡的課，所以我們有種同病相憐、惺惺相惜的感覺。我對他印象特別深刻的是，有一次吃飯時間我們閒聊，話題說到法國禁止伊斯蘭教女學生包頭巾上學，在法國南部尼斯也有不可穿伊斯蘭黑袍下海游泳的禁令，我順口問馬漢：身為一個為了追求自由的空氣而到歐洲生活的伊朗年輕人，是怎麼看這件事的？

結果他很自豪地上網找到一則新聞報導，內容是他跟一群住在華沙的伊朗男性朋友，發起了一個伊斯蘭教男性全身穿黑袍上街的行動，讓這些以宗教之名限制女性自由的大男人，親自體驗女性觀點，嘗嘗在大熱天要穿著全黑密不透風的女性服飾，在城市裡移動、生活的滋味，還有路人的目光，然後再來說對「維護優良傳統」的贊成或反對。

身為一個NGO工作者，我對於馬漢這個熱血青年，這種打破性別界線近乎激進的社會運動參與，相當激賞。但在課程當中，我也看到他跟奧斯卡的衝突不斷，時常硬碰硬。要跟他進行哲學諮商，恐怕會頭破血流。

我們的教練，則是一個資深的俄羅斯企業訓練顧問，叫做伊凡，也是一個極限登山家老手。在美國出生長大的伊凡，光是聽他說英文，根本不會知道他是俄國人，可是他也跟很多美國人有同樣的壞習慣，那就是話多。

或許因為伊凡的工作就是要對很多人說很多話，所以經常會忍不住去插一腳別人的場子，發表意見，批評指教很多。伊凡是跟著奧斯卡學習了很多年的老學生，所以奧斯卡很了解伊凡的個性，時常會對他下「禁口令」，上課時不准他發表意見。我一面要面對一匹難以駕馭的野馬，一面要被霸氣的教練指導，心裡的忐忑是可想而知的。

我問了一個不是問題的問題

馬漢首先做哲學諮商師的角色，我則先扮演前來尋求幫助的客戶。

「告訴我，你在怕什麼？」馬漢一開始，就劈頭問我這一句。

「不行這樣，馬漢。」伊凡立刻打斷他。「你這樣說，等於直接暗示客戶他有所恐懼。你怎麼知道他是為了恐懼而來的呢？」

「那不然要怎樣？」馬漢不以為然地說。

「要盡量持中而行。」伊凡說，「比如像『你有什麼問題？』就很中性。」

「好吧！」馬漢不情願地說，「你有什麼問題呢？」

「我想知道為什麼有人會以嘲弄別人為樂。」我說出事先準備好的問題。

我之所以會問這個問題，是因為幾天下來看到奧斯卡對學生們的指責，犯錯時的嘲諷，讓我這個會盡量避免他人譏笑的亞洲人，對於這種簡直是刻意製造面對面衝突矛盾的溝通方式，覺得很不舒服。

伊凡問馬漢想要怎麼切入。

「我想先問他對『嘲弄』的定義是什麼？」馬漢說。

他顯然牢記了奧斯卡講蘇格拉底問「美」的定義這一堂課。

「不行，」伊凡又阻止馬漢。「你要優先處理重要的問題。你知道他提出的問題，有什麼根本的問題嗎？」

「他問的根本不是一個『問題』。」馬漢說。

他們對我的討論，我都聽在耳裡。我壓根沒有意識到，我以為自己問了一個好問題，但在他們的耳裡，很顯然我根本連問題都沒有問。

「你有察覺到，你並沒有問問題嗎？」馬漢問我。

「一點也沒注意到。」我誠實地回答。「但是我現在意識到了。」

確實，這個在我心裡盤算了許久的問題，根本只是一個直述句，陳述了我想知道某件事，連個問號都沒有。怎麼會這樣呢？我用中文這樣說話的時候，每個人都會覺得我問了一個問題，不是嗎？

伊凡要馬漢根據我的回答，思考我之所以在該發問時沒有提問，而且自己還沒有察覺，背後可能的原因有什麼。

他們做出三個推測：

1、文化因素。

2、個人習慣。

3、語言習慣。

「如果你可以判斷，是這三個原因之一的話，這問題其實不算嚴重，請他重新組織以後再問一遍，就沒事了。如果不是這三個原因，而是其他原因的話，那就必須將我們諮商的焦點，轉移到這個新的方向去，因為這代表發問者有意識、或無意識地在壓抑或是隱藏一些重要的想法。」

他們在討論的時候，我也仔細思考，究竟是什麼原因，會讓我連問個問題都不會。我想我並沒有要隱藏什麼，只是平常太沒有意識去檢視自己說每一個字時的方式罷了。難怪很多時候，我跟熟識的人有一些小衝突，很可能自己以為很清楚地問了問題，但是別人壓根不知道我在問問題，這種時候我會覺得對方故意忽略我的問題，避而不答，而有了不愉快的感受，但問題極可能根本出在我自己身上。

這個覺察，讓我非常吃驚。

馬漢跟伊凡，似乎也認為如此，這是我個人說話的習慣使然。但他們需要讓我意識到這個問題，並且重新發問一次。

虛與實，個人或集體

「我的問題是：為什麼有些人會以嘲弄別人為樂？」這回，我終於順利問出了問題。

馬漢跟伊凡討論了一會兒，他們對於我這個問題的預設（presuppositions），究竟這問題背後是屬於「**個人問題**」的領域，還是一種對「**集體社會意識**」的質疑。

為了知道是哪一種，就要透過發問來做一點確認。

「你時常被人嘲弄嗎？」馬漢問我。

我猶疑了一下說：「不太常。」

其實我心裡想的是，我人生遭遇過最大的嘲弄，就是幼稚園畢業典禮被迫穿內衣褲跳讓人羞恥的兔子舞，還有在這裡被奧斯卡修理。這樣算很常嗎？應該不算吧？

「你看到他回答時的猶豫嗎？」伊凡的觀察力出乎我想像的細膩，跟他在課堂上急吼吼的表現，有很大的區別。

「你如果覺得這是『個人問題』，打算從這一條路線進攻的話，我提醒你，如果沒有把握問到至少三到四個『證據』（evidence），要下定論是於理不足的。」

馬漢表示他沒有把握能夠從我身上問到四個證據，所以他決定選擇從「集體社會意識」來進行發問。

「你問為什麼有些人會以嘲弄別人為樂？你為什麼會那麼在乎其他人呢？」

「因為過去這幾天來，我看到太多對別人的嘲弄，這讓我覺得不愉快。」

伊凡提醒馬漢，別被我的話欺瞞了。

「你看看眼前這個人，人高馬大，」伊凡眼睛瞟向我，「你不覺得一個壯漢這樣說很不尋常嗎？你要不要從這裡去抽絲剝繭？」

我聽到伊凡這麼說，又是一陣驚訝。身為一個自認為相信社會正義的人，我從來沒有質疑過，這句話從一個外表健壯的男人口中說出來，是不尋常的。但是仔細想想，確實很不尋常，因為我並不是一個容易被人嘲弄的對象，也因此我只記得幼稚園的兔子舞，還有現在的哲學課遭到嘲弄。

這時候，伊凡對馬漢說出一個我永遠不會忘記，而且日後受用不盡的比喻：

「你現在看到外表一片平坦的雪地，但別忘了，你在雪地裡爬一座陡峭的山，四周輕輕地踩一踩，才知道哪裡是實的、哪裡是虛的，否則一步踏空，可能會粉身碎骨。」

我從來沒有如此慎重想過自己嘴裡說出來的平凡字句，竟然會被哲學家視為隨時會踩空的險境。原來，我的話語並不像自己想像的扎實。

你覺得語言會傷人嗎？

「你通常是個傾向比較敏感的人嗎？」馬漢開始輕踩我話語周邊的雪地。「還是只有過去這幾天，特別敏感？」

「我不覺得我特別敏感，『富有同情心』可能是比較正確的形容。」

「平常不會這樣？」馬漢繼續謹記著持中而行，輕踩雪地的原則。

「平常嘛……平常我會跟這樣的人保持距離，不會跟他們有任何往來。」我回答。

「幹得好極了！馬漢！」伊凡很高興地拍拍他的肩膀，「你在看起來什麼都沒有的雪地裡，踩到這個凸起來的癥結了！現在你要怎麼進行都可以很順利了！」

我在他們兩個面前，完全不懂在我剛剛的話語裡，他們找到了什麼思考的癥結，竟然這麼明顯，但是我本人卻渾然不知。

「你為什麼無法跟人親近？」馬漢像穿越險惡的冰川，駛到平滑的大海那般，開始自信地火力全開。

「啊？我有說我無法跟人親近嗎？我跟人很親近啊！我只是跟嘲弄別人的傢伙，盡量保持距離罷了。」我不由自主地防衛起自己。

「嘲弄別人有什麼問題嗎？」馬漢問。

「有問題啊！我覺得嘲弄別人，既沒必要，又讓人不愉快，而且傷人……」我說。

這時候伊凡打斷馬漢，提醒他：

「沒必要、不愉快、傷人，你要在這三個裡面找到一個來進攻。我猜得沒錯的話，越後面提的，通常越重要。」

當時我聽不懂伊凡的意思，但是一年多以後我回顧伊凡說的這段話，我發現他是正確的。因為如果一個人同時提出好幾點想法，通常一開始說的，都是情緒的反應，屬於哲學上所謂的「直覺性思考」（intuitive thinking），至於越後面說的，常常是經過消化、考慮以後的「辯證式思考」（dialectic thinking），或是所謂的「正式思考」（formal thinking）。

馬漢選了「傷人」，接著又踩了踩雪地四周，問我是不是不喜歡看到別人受到傷害？

當然不喜歡，我說。

為什麼呢？

「因為當我看到別人受到傷害的時候，我也覺得受傷，因為我是一個同情心豐富的人。」

這樣說，在我眼中再合理不過，但是在屬於戰鬥民族的伊凡眼中，卻覺得很有事，肯定有蹊蹺。

「**一個人是不可能因為話語而受傷的**。」伊凡說，「刀子會傷人，但是再怎麼惡毒的嘲弄，也不會讓人少一隻胳膊。把『嘲弄』等同『受傷』，這根本不合邏輯，只有自己相信話語可以傷人的人，才會被言語所傷。」

聽到這個說法，我驚訝極了。從小到大，我就像大多數的亞洲人，被教導著不厚道的話說出來會傷人，所以寧可說點小謊，也不可以說出傷人的話，但我從來沒有想過，對於心理素質強大堅毅的俄羅斯人來說，言語根本不可能會傷人——除非我自己選擇被傷害，那麼即使一團棉花也可以讓我覺得疼痛。

讓思考變透明清澈

馬漢身為伊朗人，是在亞洲文化的範疇中，他理解為什麼我相信言語會傷人，所以沒有跟隨著伊凡的節奏。他選擇了一個比較委婉的角度：「你說看到別人受到傷害的時候，因為你是一個同情心豐富的人，所以自己也覺得受傷。你有沒有想過，只要你不是這麼有同情心的話，就不會受傷了呢？」

「這我無法回答，」我說，「因為我就不是那樣的人啊！」

伊凡顯然覺得馬漢這一步很可惜，為了委婉，整個弱掉了，因為讓我有機會逃脫，在哲學上我這種辯證有個暱稱，叫做「如果鱷魚有翅膀」。

鱷魚當然沒有翅膀，所以我可以輕易逃脫，不用去想如果鱷魚有翅膀的話，會怎麼樣。就好像我堅持我是富有同情心的人，而有同情心的人，就是會「人飢己飢，人溺己溺」。

但從伊凡的分析中，我生平第一次意識到，無法想像「沒有同情心就不會受傷」，這並不是因為我自以為的「理所當然」，而是因為我「不願意思考」；不願意思考背後深層的原因，並非如我自己所說的，是因為我有同情心，而是因為我極其地「頑固」。

這一節三個人的哲學諮商練習，就在這裡結束了。

無論我願不願意向馬漢和伊凡承認，我自己已經看到了讓人驚訝的結論：嘲弄的言語，當然不會傷人。如果言語真能傷人，無論我有沒有同情心，都會受傷才對，不會因為我有同情心才受傷，沒有同情心就不會受傷。

另外一個日後我應該捫心自問的是：「既然我如此堅信嘲弄的言語會傷人，身為一個身強力壯的人，我有挺身而出介入、阻止嘲弄的人嗎？」

如果沒有的話，為什麼不？

從一場又一場的哲學諮商練習，我慢慢看到奧斯卡承襲蘇格拉底的「發問」技巧，如何仔細拆解問題，用問題帶領我正式進入認識「邏輯辯證」的領域，練習如何在「提問、邏輯分析、推論」一連串的過程中，把原本混濁的思考，變得像清澈的水那樣透明。

同時，必須像駕馭織布的機梭那樣專注，**將「思考」變成看起來像是「直覺」那般輕鬆簡單的習慣**，應用在日常生活的問題中，學習整理自己的想法，並且清楚地表達。

要不是到法國學習哲學，我從來沒有想過，原來問問題這麼困難；而那些自以為腳踏實地的話語，竟是別人眼中需要步步為營的險境；而我並非那個富有同情心的好人，只是一個固執、一味相信言語會傷人的傻瓜。

這樣殘酷的體悟，讓我覺得受傷嗎？一點也不。實際上，我覺得開心極了，而且想要學習更多。

【哲學練習】

我想知道為什麼有人會以嘲弄別人為樂。

你有察覺，你並沒有問問題嗎？

我現在注意到了。我重新發問：為什麼有些人會以嘲弄別人為樂？

你時常被人嘲弄嗎？

不太常。

你為什麼會那麼在乎其他人？

過去幾天我看到太多，讓我覺得不愉快。

你是敏感的人嗎？還是過去幾天特別敏感？

我沒有特別敏感，我是富同情心。

平常不會？

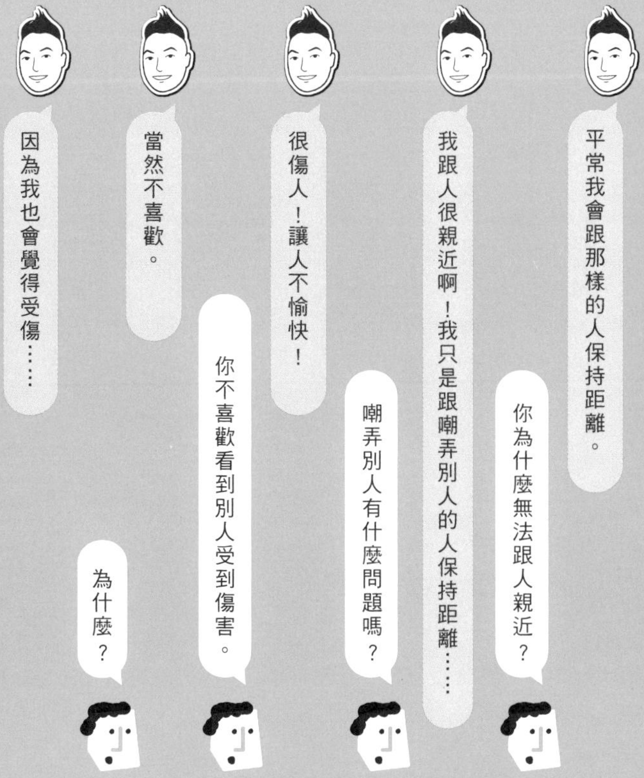
平常我會跟那樣的人保持距離。
你為什麼無法跟人親近？
我跟人很親近啊！我只是跟嘲弄別人的人保持距離……
嘲弄別人有什麼問題嗎？
很傷人！讓人不愉快！
你不喜歡看到別人受到傷害。
當然不喜歡。
為什麼？
因為我也會覺得受傷……

思考：被語言嘲弄＝受傷，這是不合邏輯的。只有相信話語可以傷人的人，才會被語言所傷。

11

我們都怕看到真正的自己

只有對自己誠實，對自己說出真相，才可以讓我們解脫。

進一步接近自己

因為我說不出「我不知道」這段插曲，奧斯卡說，其實說不出「我不知道」只是冰山的一角，於是決定我們應該針對古希臘的「Parrhesia」這個「為了公眾利益，即使對自己有風險，也必須實話實說」的概念，開一個分組的工作坊。

首先，我們必須要回答自己三個問題：

1、在奉行「Parrhesia」的時候你遇到最大的困難是什麼？

2、如果你正面迎擊這個困難，會有什麼樣的結果？

3、你能夠對這個困難，做些什麼？

我想到每年有兩個月在海上當水手的工作，十多年來我一直在同一家荷蘭籍的船公司服務，船長中一半是荷蘭人，另外一半是英國人。我發現荷蘭船長跟英國船長很不一樣的地方，我們水手常常彼此開玩笑，如果有一天船著火了，英國船長很可能會說出很中聽的話：「別擔心，一切都在我們的掌握之中。」但是一轉身，卻會發現他把唯一的一艘逃生艇開走，自己逃命去了。荷蘭船長可能會說出很不中聽的話：「沒希望了，我們死定了。」當他這麼說的時候，我會相信他說的話，用最後的幾分鐘努力靜下來，做最後的告別，而且船長會跟著大家守到最後一刻。

兩者的結果雖然一樣，但是我會寧可選擇讓英國船長給我安心的幻覺，還是讓荷蘭船長給我殘酷的事實？

如果有一天我得了絕症，剩下六個月的壽命，我會希望主治醫師告訴我人生將盡，出院享用剩下最後的時光，做想做的事；還是會希望他告知我仍有一線希望，一直待在冰冷的加護病房與病魔搏鬥？

我要不要當為了別人好，而說不出實話的英國船長、主治醫師？

面對這三個題目，我寫下這樣的答案：

1、在奉行「Parrhesia」的時候你遇到最大的困難是什麼？無知（ignorance）。

當我在狡辯、沒有說全部的真相時，已經太習慣了，所以沒有意識到自己這麼做。因為覺得不應該傷別人的心，所以與其說「你今天穿得很醜」，我會很自動地改成「我覺得你昨天穿得比較好看」；明明覺得一個人最近胖得不像話，我卻會很自然地說「你今天穿這件衣服比較顯瘦」。我根本沒有意識到自己沒在說實話，這是最慘的地方。

2、如果你正面迎擊這個困難，會有什麼樣的結果？我如果正視這個下意識說謊的習慣，變得實話實說，對我自己雖然是一種思考能力上的「改進」，但是應該會被人覺得毒舌，搞到天怒人怨，跟奧斯卡一樣身邊沒朋友吧？

3、為了要解決這個困難，我可以開始從兩個方向來練習，一個是「傾聽」，另一個是「重複」。我如果能夠多仔細傾聽自己說的話，就會注意到自己有沒有真的說實話。頭幾次說實話的時候，應該會覺得尷尬，但是如果一直重複這麼做的話，臉皮應該會越來越厚，身邊的人也會習慣，知道我說的話可能不好聽，但都是可信的實話，因而對我產生信賴感。

塑造自己？還是逃避自己？

接著，我跟其他五個人一組，彼此交換答案。

芬蘭的單身老師說，她對自己最難誠實面對的，是「對承諾的恐懼」。如果正面面對這恐懼的話，她就會「發現事實」。面對這個困難，她能做的是「凝視這個恐懼」。

印度的大學哲學教授阿米爾說，他對自己最難誠實面對的就是「追求成功」。如果正面面對這種對成功的貪婪，他就會發現自己「永遠不會為了達到目標而滿足」。面對這種貪婪，他能做的是「找到每一個目標背後真正的意義」。

伊朗來的哲學研究生馬漢，他對自己最難誠實面對的就是「自欺」。如果正面面對這種欺瞞，他就會發現自己「戴著面具」。面對這個問題，他能做的是「試著把自己看作世界上的創造物之一，而不是造物主」。

至於義大利來的希西莉雅，她說自己最難誠實面對的就是「失去控制」。如果正面面對這種恐懼，就會發現自己「過著辛苦的生活」，她能做的是「接受自己會勞碌一輩子的事實」。

至於俄羅斯的企業顧問伊凡，我對他的困境特別有感。他說最難誠實面對自己的是「對Parrhesia的懷疑跟恐懼」。如果正視這種懷疑跟恐懼，雖然會「失去自己是好人的形象」，但是他就終於可以坦然「接受自己並不是一個好人的事實」。

聽完了一輪彼此對於真實的困境之後，我們突然意識到，**別人原來也跟我們一樣，有實話實說的問題**。

實話實說之所以那麼難，是因為說實話，就是**面對真正的自己**。

難怪有人問古希臘哲學家泰勒斯：「什麼事最難？」泰勒斯回答：「認識你自己。」尼采在《道德譜系學》當中也說：「我們無可避免跟自己保持陌生，我們不明白自己，我們搞不清楚自己，我們的永恆判詞是：『離每個人最遠的，就是他自己。』——對於我們自己，我們不是『知者』……」

後來我在看朋友的臉書、Instagram時，特別能感受到人們對看到真實的自己，抱著莫大的懷疑跟恐懼。

這是為什麼，一張照片需要經過那麼多修圖軟體的變造，才能放心上傳；明明不是名人，卻覺得自己需要每天「經營」臉書。因為我們是無法面對真實自己的人，但是我們都知道自己活在自己編織的謊言裡，塑造出我們希望別人看到的自己，不是「塑造形象」，而是「**逃避自己**」。

停止欺騙自己

「你在躲避什麼呢？」我記得有一次在進行哲學諮商的時候，客戶問我的問題是，為什麼他失去對工作的熱情。但是我們開始諮商以後，很快就發現，他根本不在乎工作，他真正要的是「幸福」。

「你難道不知道你要的是快樂，不是讓你有熱情的工作嗎？」我問他。

「我其實知道。」他說。

「那你為什麼一開始不問我，浪費我們彼此的時間，繞了一大圈呢？」

我漸漸養成了直話直說的習慣，即使對方是我的客戶也一樣。

「因為我想要逃避，幸福太巨大、太模糊、太困難，我害怕去面對，但是『工作的熱情』相對來說，具體、簡單多了。」客戶告訴我為什麼他隱藏了事實。

「所以你對自己做了你自己也不相信的事——明明想要快樂，卻想在工作中找到熱情。」我看著他的眼睛，「這一招有用嗎？」

「一點用都沒有。糟透了。」

「你聽過Parrhesia嗎？」我合上筆記本，微笑地看著他。

於是我開始告訴他關於Parrhesia這個字的意思，關於蘇格拉底、奧斯卡，關於每個人都有難以面對的真實，作為曾經是一個連「我不知道」都不敢說出口的人，我能夠理解為什麼他不敢告訴自己「我真正要的是幸福」。

如今的我，相信與自己面對面，坦誠相見，答案就會像道路般顯現。

「只有對自己誠實，對自己說出真相，才可以讓我們解脫。」

蘇格拉底主張首先在心靈中尋找出內在原則，對自身的認識便會更進一步，知道自己是誰，該幹什麼，然後再依照這些原則來界定外部世界。

「我們總說希望自己變成一個更好的人，但是停止欺騙自己吧！你只能跟真實的你一樣好，你永遠不可能比你更好。」我幾乎可以聽見奧斯卡摸著自己胖胖的肚子，跟越來越禿的白頭髮，呵呵笑著說。

【哲學練習】

試著回答以下三個問題

1
在奉行「Parrhesia」的時候，你遇到最大的困難是什麼？
2
如果你正面迎擊這個困難，會有什麼樣的結果？
3
你能夠對這個困難，做些什麼？

12

如何提出一個問題！

與其說學習哲學，不如說我應該從學習「如何提出一個問題」開始。

起跑點在哪裡？

有一天，奧斯卡指示我們隔天早上要帶著登山杖、雨鞋、水壺跟飯盒來，因為我們要去「校外教學」。

其實哪裡是什麼校外教學！我們早上集合的時候，得到了關於這次「校外教學」的指示：

全程禁語，不可以說話，或發出聲音。

全程獨行，不可以跟其他人並肩行走。

行走時，只能思考這一段話：「要一個人在『愛』與『被愛』之間做選擇，就好像問一隻鳥比較想被剪掉左翼還是右翼一樣。」

我們被指示了路線，穿過一片森林後，目的地是一個天主教的修道院，到了修道院的草地上，我們要按照事先指定好的分組，以組為單位討論出一個共同的結論。

這一天，我跟幾位義大利哲學家分在一組。當下我心裡暗暗叫苦，因為我不知道是要義大利人走路不要說話比較困難，還是要一群各持己見的哲學家達到共同結論比較困難。

這個訓練的方式，讓我聯想到佛教當中「行禪」「禁語」以及「經行」（cankama）的傳統。後來我才知道，奧斯卡的哲學思考，受到東方古典哲學跟佛教哲學很大的影響，是一個喜歡每天花兩、三個小時一面走路，一面思考的人，無論是在人跡罕至的森林，還是在繁華熱鬧的巴黎，沿路他完全沉浸在自己的思緒當中，對於周圍的風景根本視而不見。

但總之我們各自拿著登山杖出發了。

出發以後，義大利人安德烈果然忍不住跟我低聲說起話來，沒想到立刻被奧斯卡斥責，而且要安德烈跟我一前一後分開，我覺得好像回到了幼稚園時代，唯一缺的就是一條牽繩了。

一個人開始靜靜地走在離開La Chapelle村落的砂土路上，沿路經過古老的城堡，美麗的如茵綠草，溫暖的陽光灑在睫毛上，連續幾天以來囤積的壓力，似乎終於慢慢地像沼氣般釋放到藍天白雲中。

我仔細反覆咀嚼這一段話：「要一個人在『愛』與『被愛』之間做選擇，就好像問一隻鳥比較想被剪掉左翼還是右翼一樣。」

「拜託，這是什麼問題啊？」

然後，我突然有觸電的感覺：

「這段話連問號都沒有，根本不是問題啊？我為什麼會覺得這是問題呢？」

我的記憶立刻連結到跟馬漢的哲學諮商練習。我那天晚上在該問問題的時候，卻提出了根本不是問題的問題，現在面對一個顯然不是問題的文句，卻煩惱著該怎麼想這個問題。

問題。問題。問題。我反覆咀嚼著這兩個字。

「我的腦子到底怎麼了？」

「**到底什麼才是問題**？**什麼不是問題**？」

「如果我連這起跑點在哪裡都無法辨認，我要怎麼跑馬拉松？」

我突然覺得懊惱極了，覺得自己好笨，頭腦卡住了。

語言影響思考

在法國的勃艮地鄉下跟奧斯卡學哲學的第一個禮拜過去，我發現自己很明顯比其他歐洲學生或中東學生更怕問問題、不會問問題、也不想問問題。

我怕問問題，因為擔心自己說出口的問題太蠢、或是「不夠好」，但無論問題多讚，我也不想問太多問題，因為我怕別人會覺得我白目、或是「不夠好」。

一開始，我把這種擔心自己「不夠好」的情結，歸咎於我對哲學領域太陌生，自信不夠，就好像在海洋划獨木舟一樣，等我技術變好，掌握力增強的時候，就會不一樣了。但慢慢地我發現了自己這種「不會問問題、不想問問題、怕問問題」的背後，是一個連奧斯卡都不知道的大問題：這根本是「語言」問題！

我指的並不是英文、法文不夠好的那種「語言問題」，而是中文本身有一個很要命的混淆，那就是英文裡面「question」跟「problem」這兩個完全不同的單字，在中文裡面卻毫無區分的只有一個說法，那就是「問題」！

在英文裡，「問題」（question）就純粹只是「想要得到答案時所說的話」，同義詞是「疑問句」，提出問題的句子，一般帶有疑問詞以及以問號結尾，像是為什麼、誰、什麼、哪裡、怎樣、怎麼、或是嗎。很明顯的沒有什麼所謂好、壞，只是對於不知道的事情，想要得到答案，所以提問，因此「問題」（question）本身當然不是一個「問題」（problem），因為「問題」（problem）是指不期待的現狀，沒有被解決或者事態出現意外。

但是因為中文裡面沒有分別，無論任何問題通通都是問題，而沒有人喜歡「問題」（problem），所以從小在學校裡，愛問很多問題的學生，就會被老師跟同學討厭，認為是很有問題的問題學生。

如果不想要製造問題，沒事就不要問問題。

久而久之，我們就**把問問題當作是壞事**，因為問問題等於在製造問題，不問問題當作是美德，因為這樣大家就不會有問題。

長大以後，「問題」就變得一團亂了。

老師我有問題！

當天晚上，我找到一小段喝茶的時間，跟奧斯卡提出我的發現。

奧斯卡抽著他的招牌小雪茄，穿著紅色吊帶褲，不可置信地說：「你想要我相信，一個只會說中文的人，不知道『問題』（problem）和『問題』（question）完全不一樣？你能提出證據嗎？」

我在維基百科上，勉強找到一個中文詞條，是專門說明「問題（problem）和提問（question）的聯繫和區分」，我逐字逐句翻譯給奧斯卡聽，聽完之後，他皺著眉頭說：「這誰會聽得懂啊？說中文的人真是太慘了……」。

這個說得很長、很複雜，但是連聯合國教科文組織的哲學顧問都聽不懂的說明是這樣的（底下這幾行不用仔細看也沒關係）：

「問題」是期望和現狀差異，其存在是客觀的，只要有期望和現實的差異，它就存在，不以人的主觀意志爲轉移（這個論點是值得討論的）；「提問」是把問題用適合的方式陳述出來，提問是人解決問題的一個步驟；問題是提問的基礎；提問是問題被解決問題的主體處理的過程和方法。人解決問題的過程中關鍵的活動之一就是不斷更準確的重新定義（重構）問題表達方式，使得主體對問題客體認識偏差不斷得到縮小（但是偏差可能是無法完全消除的，有認爲眞理是可以無限趨近但是不可完美獲得的，對問題的定義也是這樣），從而利於發現合邏輯的解釋方法和問題的解決方法；同樣的問題可以有多種不同的提問的方法，而提問的形式和解決問題的目的，和提問的主體有密切的相關性；甚至有通過變換問題的提問方式，來促進解決問題的方法。

但是在英文中，卻簡單極了：

「問題」（question）是「想要得到答案時所說的話」。

「問題」（problem）是指不期待的現狀，沒有被解決或者事態出現意外。

難怪說中文的人，搞不清楚什麼問題是問題，而什麼問題不是問題。回想起來，我突然明白為什麼小時候當班上有人舉手說：「老師我有問題！」的時候，大家會哄堂大笑。我還記得同學起鬨的時候，老師甚至會對這個時常提問的同學火上加油地說：「對啊！我當然知道你有問題，而且有很大的問題！」

因為就連老師，也把這兩件事混淆在一起了。

這是母語為中文的人，沒有意識到的思考致命傷之一。

與其說要學習哲學，不如說我應該從學習「如何提出一個問題」開始，知道我能、我願意、而且我不害怕。

「批判性思考能力」不是與生俱來，是**需要訓練、學習的**。大多數人，可能連問問題都不會！知道我有問題沒有問題，不知道什麼是問題、什麼不是問題，把不是問題的問題當作問題，卻把真正的問題不當一回事，那才是問題。

至於一個人在「愛」與「被愛」之間做選擇，是否像問鳥比較想被剪掉左翼還是右翼，根本不是問題。

而那一個夏天之後，生性多疑的奧斯卡也在巴黎請了一個中文老師，開始上起中文課。據說他問中文老師的第一個問題，當然就是：

「我聽說你們中文裡，無論problem或是question都是同一個詞『問題』，這是真的嗎？」

13

思考，就是跟自己的對話

沒有痛苦表面上讓事情變得簡單，但是對於思考並不見得是好事。

挑戰思考的極限

奧斯卡在訓練我們思考的時候，提醒我們需要全神貫注，而且不斷挑戰自己的極限。

他有一個訓練方法，就是要我們帶著登山杖去「校外教學」。那一天，一路上不准講話，不准跟其他人並肩行走，或發出聲音，只能思考這一段話：「要一個人在『愛』與『被愛』之間做選擇，就好像問一隻鳥比較想被剪掉左翼還是右翼一樣。」

穿過森林以後，我們在一個古老的修道院草地上坐下討論。不是隨便聊自己的想法，而是清楚、覺察地從「一個人的思考」，進入到「**一起思考**」的領域。

身為亞洲人，我們時常認為要自己一個人，單獨、安靜的環境下，完全不被打擾的時候，才能夠思考，但是如果跟一群人在一起的時候，似乎腦袋就打結了。我後來在舉辦一個兒童邏輯思考夏令營時，有一個學生第一天回家就跟母親抱怨說：

「同學們太吵了，老師都不管秩序，我根本沒有辦法靜下來思考。」

「有這麼嚴重嗎？」那天和我一起帶領課程的，是我一位來自法國的女性哲學家好朋友，叫做博佳佳，她同時是宋代數學史跟電腦語言編碼史的專家，除了數學博士學位，還有梵文博士學位，是一個極為聰明的人。

她雖然在台灣居住了很長的時間，身為台灣媳婦，在交通大學教哲學，但她還是很驚訝台灣的孩子覺得上課時，「安靜、守秩序」的外在形式，竟然比上課的內容更重要。

「不只嚴重，」我轉述那位母親的話，「那孩子說簡直『生不如死』呢！」

我們都忍不住笑倒成一團。因為博佳佳一直到十二歲從法國轉學搬到瑞士之前，一直是在學習風氣非常自由的蒙特梭利學校中長大的，於是她決定告訴夏令營的孩子，從小她不知道什麼叫做上課要「安靜、守秩序」。因為在她的學校，甚至沒有一排一排的課桌椅，大家都各自一群一群坐在不同的教室角落，跟那一個小時剛好想要學習同樣科目的學生，從教室後面拿那個科目的教具箱，然後一起討論學習，根本就沒有老師教，所以她從小就不知道「學習」跟「安靜坐好」為什麼有任何邏輯上的關係。

孩子們聽到，都覺得驚訝極了，包括那個回家告狀說「生不如死」的孩子，眼睛也亮了起來。

我們告訴那位孩子的母親，她的孩子可以自己決定要不要來，結果一直到最後一天，那孩子一堂課都沒有缺席。

愛與被愛已經夠難選擇了，還被分配跟一群講話超多、而且情緒如潮水的義大利人要一起思考，我突然可以同理那個說自己「生不如死」的小學生。

我們必須只能用「短短的一句話」來辯論（argument）。

想太多太痛苦了？

對於不知道辯論在哲學中意涵的人，簡單說辯論就是選擇一個立場，即使這個立場只是暫時性的，甚至是假的，但是有了正反兩方就可以辯論，因為辯論是必要「舉證」（to prove），就會無可避免地暴露出這個立場的「預設」（presuppositions）跟會導致的「結果」（consequences），「向下挖掘」（digging）同時就是在「建造地基」（building foundation）。

我們義大利派，決定愛跟鳥這兩件事放在一起，犯了「不相關」（irrelevant）的謬誤。「因為一隻鳥不可能只靠左翼或是右翼飛行，但是一個人無論只有愛，還是只有被愛，都可以輕易活下去。」

這個想法，我們提出來以後交付給大家表決，結果有十三個人表示贊成，但是九個人表示不贊成。

馬其頓共和國來的嬌小玲瓏的女性哲學家黛安娜說她不同意我們說的，

因為愛的概念是一種「過程」（process），然而鳥翼的概念是一種「完整性」（integrity），無論是選擇愛或被愛的過程，都不會影響到一個人的完整性。

但是莫斯科來的萊拉，立刻提出抗議：

「黛安娜，妳犯了『缺乏證據』（lack of evidence）的謬誤！妳有任何證據證明愛是一種『過程』嗎？」

本業是藝術家的法國學生桑卓拉立刻火上加油：

「不只是缺乏證據，這是『錯誤的證據』（false evidence）！」

同樣來自法國的奧黛莉扮演大姊的角色，幫反對方做出結論：

「大家回來『完整性』吧！剪鳥翼會影響肢體的完整性，但是無論愛與被愛，都不會影響肢體完整性，所以我們反對義大利組說問題在於不相關，問題在於別的。」

「什麼別的？」代表我們義大利組的熱血哲學青年安德烈追問奧黛莉。

「愛與被愛不能分開存在，人類情感是一個有出口、有入口的風孔，如果只有進沒有出，那就會爆炸！」

安德烈像是抓到什麼把柄似的，立刻像球賽裁判舉黃牌那樣站起來：

「哈！『不完整』（incomplete）的謬誤！沒有為人跟鳥的類比提供解釋！」

「對，還有『類比』的謬誤吧？」我也忍不住加入戰場，「奧黛莉突然新引進『風孔』的概念是怎樣！這跟人跟鳥的構造都沒關係好嗎？」

眼看兩邊就要在修道院吵起來，黛安娜突然說：「好了好了！我不想要想那麼多，想太多太痛苦了。」

我們時常聽人這麼說，但是奧斯卡卻完全不給他的學生們這樣的機會。原本一直在旁邊觀戰的奧斯卡，突然面向黛安娜，表情嚴肅地說：

「黛安娜，妳想要『無痛分娩』（epidural）是嗎？」

我們突然都瞬間安靜了。

因為我們知道奧斯卡是對的，沒有痛苦表面上讓事情變得簡單，但是對於思考並不見得是好事。就像愛除了是持續的，還必須是決裂的，奧斯卡說思考也必須是決裂的，那就像**思考的「電療」**（shock treatment）一樣，他相信被電到幾次以後，就會養成好習慣。

思考沒有「無痛分娩」

然而很不幸的，我們生活在一個**越來越怕痛的世界**。

只要一痛，就想趕快吃一顆止痛藥，讓痛的感覺消失。從醫學上來說，疼痛是一種自覺性的症狀，當組織受到傷害時，會將這類不愉快的感覺訊息傳到腦視丘，產生疼痛的感覺。服用止痛劑的目的就是阻斷痛覺傳導路徑，使疼痛的訊息不要傳遞到大腦皮質。

但是痛消失的壞處是，一旦不痛，我們就不用去面對產生痛的原因了。忽略痛產生的原因，可能會產生比痛更壞的結果。

這是為什麼，最不習慣、也不願意面對任何痛苦的美國人，平均一年使用超過八十億顆的泰利諾（台灣稱普拿疼）及三百億顆的阿斯匹靈止痛藥，止痛藥在美國，已經不只是延誤治療的問題，而變成了藥物濫用的問題。

因為怕痛，所以在歐美有超過百分之八十以上的人選擇無痛分娩。然而無痛分娩，除了無痛的好處之外，當然也有意料之外的壞處。

比如說，無痛分娩會讓產程延長，而產程越長，可能發生的變化就越多。另外，在正常情況下，孕婦用力分娩是應該朝著什麼方向用力，如何用力，用多大的力，可以根據身體的反應，但是被麻醉後，接受不到這種反饋信息，不知道該向什麼方向、如何用力。

況且，據親身經歷的產婦說，無痛分娩，並不是真的無痛，只是減輕了疼痛，所以有意料之外被騙的失望感覺。

難怪蘇格拉底的這一套哲學訓練方法，被稱為「催生辯證法」，蘇格拉底把教師比喻為「知識的產婆」，透過諷刺（不斷提出問題使對方陷入矛盾之中，並迫使其承認自己的無知）、催生（啟發、引導學生，使學生通過自己的思考，得出結論）、歸納和定義（使學生逐步掌握明確的定義和概念）等步驟來催生智慧，想要無痛得到智慧，聽起來似乎像廣播電台賣藥的。

雖然身為男性，我無法理解無痛分娩的比喻，但是我知道自己是一個不輕易吃止痛藥的人，我寧可更清楚地覺察自己身體傳遞給我的訊號，讓我更清楚知道自己的問題在哪裡、多麼嚴重。或許因為這樣，我才會來法國跟奧斯卡上哲學課也說不定。

雖然我不喜歡奧斯卡電擊的比喻，因為那太暴力了。但是我知道對於訓練肌肉生長的運動員來說，也有一種非常常見的訓練方式，為了讓肌肉增長而進行所謂的「震撼法」（shock the system），因為到一定的程度，就算訓練方法正確、訓練強度足夠、運用營養補充品，也沒有辦法繼續增加肌肉量時，就要運用三種方法，讓肌肉受到震撼而開始增長，包括：

1、改變原本已經習慣的訓練動作次序，讓肌肉「無法預期」要應付的挑戰。

2、強制次和半次，強制次是指當力竭時，在旁人的協助下繼續勉強多做一些。半次則是相對於完整動作幅度，故意做出看起來是沒有做完的動作，但其實是把動作分段進行，而且是專門集中做平常做不確實的那段動作。

3、超級組（super sets），超級組簡單來說就是在短時間內連續地將兩、三個訓練動作連續地做，沒有既定的方法，關鍵就是用交替訓練把肌肉使用到極致，也是三個方法當中對肌肉的震撼程度最大的。

先跟自己對話

奧斯卡時常說：「To think, is to dialogue with yourself.」（**思考，就是跟自己進行對話**。）所以，他要求我們透過類似佛教「經行」的漫長森林步行時，思考一個特定的問題，就是產生跟自己的內在對話。但是只跟自己對話，也是一種問題，因為就像我們所遇到的，當到達修道院，要跟別人對話時，就會發現即使我們都是奧斯卡的學生，受到同樣的訓練，我們自己思考出的方向，卻往往跟別人想的很不一樣。所以不能只跟自己對話，也要有能力跟別人對話。

但是「別人」是誰呢？

奧斯卡有時候問他的哲學諮商客戶：「對於你這個觀點，你有沒有問過別人怎麼想？」

很多人會說：「當然有，我跟我的家人討論過，他們也同意我的想法。」

奧斯卡笑了：「這當然沒有用！我說的別人，不是『自己』。可是家人，基本上就是『延伸的自己』。」

所謂「自己」，有時還包括延伸的自己。

這是為什麼奧斯卡相信，當一個哲學諮商的客戶，他的問題是跟家人之間相處的問題時，他就知道，這個人肯定跟自己相處也有問題。

如果延伸來說，一個部落，或是一個國家，都可以是「自己」的延伸，所以會有很多類似的想法，不幸地，也會有類似的成見。個人的偏見跟集體的偏見吻合時，我們就很容易以為自己是對的，因為「我身邊的人也都這麼認為」。

有時候，很多人對於自己的子女難以接受，根本的原因也就是他們跟我們自己實在太像了，所以當我們眼睜睜看著自己的缺點，在自己眼前火力全開的時候，特別覺得難受。

我有一個女性的朋友，總是跟身邊的朋友這麼說自己的孩子：「他好的都是像我，不好的都是遺傳到他爸爸。」

但是我非常相信，她心裡其實非常清楚，事實絕對不是這樣的。

難怪蘇格拉底相信，真理不是來自於自己，而是來自於外部，很可能是別人。

思考，到頭來就是先跟自己進行對話，然後跟別人對話，而且不能怕痛。

【哲學練習】

思考到底是什麼？
思考，就是跟自己進行對話。

14

成為自己的昆蟲學家

只要專心注視，就能訓練出很棒的直覺思考能力……

發現問題，創造新概念

奧斯卡建議我們，每個人每天都應該抽出至少半小時來思考。

「請成為自己的昆蟲學家，以及被研究的昆蟲。」奧斯卡這麼宣告。

學習哲學思考，就要把自己當成一個昆蟲學家，同時把自己當成昆蟲學家觀察的對象，然後研究自己這隻昆蟲的習性與行為，這真是太妙的比喻了。

「如果一個義大利女人可以觀察自己『當我沮喪的時候，就會暴飲暴食』這個習性，就不會那麼容易發胖了。」來自威尼斯的行動藝術家艾莉絲卡，覺得這個主意好極了，我們都大笑起來。

一開始可以使用的技巧，比如像閱讀，把特別有感的句子寫下來，甚至隨便翻開一本書的隨便一頁，然後截取一段，像是「愛同時是決裂的又是持續的」，然後盯著這個句子，試著跟作者產生對話。

這樣的練習，並不是為了得到什麼「結果」，實際上，別管「結果」，那太功利了。

為了學習當昆蟲學家，我們每個人都當場寫了一則一百個字以內的寓言故事，並且要在故事後面，寫下這則故事的寓意。

艾莉絲卡的寓言故事是古希臘神話裡面「半人半馬的怪物」（The Centaur）。

故事：在一個森林裡面住著一隻半人馬獸。有一天來了一個老太太，她說：「嘩！好怪的生物啊！」同時試圖伸手去摸他。

半人馬獸說：「走開，妳這個老太婆，這是我的森林！」

老太太受到驚嚇，就趕快逃跑了。

寓意：如果你入侵別人的私領域，要仁慈，否則你會受到驚嚇。

接著，我們就開始當昆蟲學家，先進行「問題化」。

舉凡邏輯思考，任何一個觀點當然都可以找到問題，所以不要害怕問題、把問題當作缺陷，實際上，能夠將表面上理所當然的真理「問題化」，是思辨能力的具體證據。

「艾莉絲卡，妳的寓意中『否則你會受到驚嚇』是多餘的。」

「妳的寓意從『仁慈』突然跳到別的地方去了。」

「艾莉絲卡，妳的寓意很混亂。」

大家七嘴八舌地說。

任何立場都只是一個假設，一種猜測（conjecture），立場的存在是為了可以被挑戰、被「問題化」。「問題化」的目的不是為了要否定對方，而是為了創造一個新的「概念」，提供辯證的基礎。

找到消失的部分

下一步，我們要在各種問題中選擇切入點。

我們共同的討論結果，經過表決，那就是艾莉絲卡的頭腦「短路」（short-circuited）了。

我們之所以說艾莉絲卡短路的原因，是因為她的寓意不連貫，中間似乎少了一部分什麼。

所以我們開始像追尋昆蟲足跡那樣分析艾莉絲卡寓言故事裡的足跡：

「為什麼短路呢？」

因為根據故事，基本上有三個事件：

甲／老太太「不仁慈」。

乙／導致半人馬獸的「挑釁」。

丙／最後造成讓老太太逃跑的反應（可能是因為「驚嚇」或其他原因）。

但是在寓意裡面，直接從「不仁慈」跳到「驚嚇」，完全沒有提到中間的「挑釁」。

「為什麼非提不可？」艾莉絲卡問。

「因為如果我要從甲地經過乙地到丙地，而乙地並不是在甲地跟丙地的順路的話，為什麼選擇要經過乙地，對整件事應該有影響，所以當然要提。」荷蘭來的談判家倫尼說。

倫尼說的，就是所謂的「合理化」（justification）。

「這問題在哲學上叫什麼？」奧斯卡問大家。

我們討論後同意，僅僅說「要仁慈，否則你會受到驚嚇」，是所謂「假的因果關係」（false causality）。

如果是真的因果關係，那必須是「要『仁慈』，否則會激起對方『挑釁』，而你就會被這挑釁『驚嚇』到」。

「所以艾莉絲卡，妳為什麼刻意壓抑『挑釁』？」這是奧斯卡問艾莉絲卡的下一個問題。

因為在我們的訓練裡，如果兩個概念之間不連貫，**中間「被消失」的那個概念**，幾乎沒有例外，**是被說話者有意識或無意識壓抑下來的**。

至於為什麼艾莉絲卡壓抑「挑釁」這個概念，就要靠艾莉絲卡當自己的昆蟲學家去解答了。跟現實生活中不同，思考時使用的「問題」不一定要得到解答。

我找到的幾條路徑

所以，作為一個昆蟲學家，我應該從什麼角度去進攻呢？

最明顯的，是半人馬獸的反應，在生物界很合理，叫做「地盤」（territory），而在哲學上，叫做「『我的』神聖不可侵犯性」（the sacredness of 'my'）。

「地盤」是生物學名詞，指的是動物個體或群體各自劃分區域棲息和防禦被侵入的空間。通常地盤僅限於定居生活的物種，相當於活動圈的一部分或全部。在脊椎動物和部分昆蟲中可相當廣泛地見到這種現象。

至於地盤的意義，生物學上有許多說法，一般認為，是為了防止種群滅亡而在食料獲得和分配方面進行個體數的自我控制機制，一旦建立了地盤，擁有地盤的個體，就比同種其他個體佔有優越地位，這叫做「先居效果」。

在哲學上，我們時常會發現人們使用擁有的概念來說「我的」孩子，「我的」父母、「我的」家人、「我的」男／女朋友……這種佔有是非理性的，因為一樣東西的本質，不會因為你的擁有而變得特別，更何況沒有人真正地擁有生命，而生命從來不屬於任何人。

這個角度很明顯，但是有點平凡，其他人也都會想到，所以先放在一邊。

我還看到另一個，對於「森林」的隱喻，是黑暗。黑暗的地方，代表著不可以去探索、打擾的地方。探索這條路很有趣，但是有一點遠，會花很多的時間，所以放棄。

另外還有一個，是「森林動物」。

半人馬獸作為生活在森林裡面的動物，就會具備森林動物的特性，至於森林動物的特性跟沙漠動物、高原動物、城市動物、海洋動物，到底有什麼不一樣？

如果走這一條路，也很有意思，但是半人馬獸是神話怪獸，不是一般的森林動物，所以走這條路，可能會變得很複雜，所以也放棄。

想慢一點，想細一點

還有沒有什麼很特別、很準確的推斷，在哲學邏輯上有充分證據，但是不容易被看到的呢？

跟奧斯卡學了一段時間，我決定大膽地使用我的「直覺思考」去「詮釋」（interpretation）這則寓言，於是我說我看到了艾莉絲卡與母親之間相處的緊張關係。

同學們覺得我的答案超誇張，以為我在搞笑，紛紛大笑起來。

但是奧斯卡很認真地轉向艾莉絲卡：「妳跟妳母親之間有很多緊張衝突嗎？」

大家都屏息等待艾莉絲卡的回答。

「沒錯。是這樣。」

大家一陣不可置信的譁然，還有幾個人對我拍手鼓掌起來。

奧斯卡微笑地轉頭問我：

「你的**證據**是什麼？」

「摸。」

於是我進一步說明，艾莉絲卡的寓言使用「摸」這個字透露許多可供分析的資訊。因為「摸」這個動作，有幾種可能的詮釋：

1、是合而為一。

2、是吞噬。

3、是去了解。

4、是創造「連結」。

我開始按照這四種可能一一說明。

在森林裡，大自然中，半人馬獸應該是野生動物，野生動物基本上是不會去「摸」或是被「摸」的，唯一去「摸」的時候，應該是求偶、進行性行為，而唯一被「摸」的時候，應該是被捕捉、即將要被吃掉的剎那。

但艾莉絲卡不是野生動物，她只是將自己類比為森林動物，她是人類，所以對人類來說，「摸」的對象如果是東西，往往是為了了解，然而摸的對象如果是人，往往是為了創造連結，比如握手、拍肩、親吻、擁抱，這些摸都是為了創造連結。

然而艾莉絲卡覺得地盤受到侵犯，而且抗拒被一個比她年長的女人「摸」她，就是拒絕了這個連結。

「這是為什麼我決定大膽地推斷，艾莉絲卡跟母親之間有緊張衝突的關係。」

「妳和妳的媽媽之間有什麼衝突？」奧斯卡問艾莉絲卡。

「她反對我抽菸，而且她不理解我為什麼要念哲學。她還反對我搬離家去跟男友同居。為了這幾件事，我們時常起衝突。」

「因為她認為妳是『她的』女兒。」奧斯卡說。

「正是如此。」艾莉絲卡點頭如搗蒜。

這總算真相大白了，一切都有了合理的解釋。壓抑，挑釁，地盤，「我的」神聖性。從奧斯卡的思考實驗室，我發現自己逐漸可以有意識地區分「**概念**」跟「**直覺**」這兩種思考方向，很細緻地拆解問題。拆解問題唯一的技巧，就是要夠慢，不要急，把拆解問題當作是一門藝術，盡力拆解成最小的單位，等到問題拆解完了，通常會發生兩種情形：

1、答案自己出現了。

2、問題自己不見了。

我喜歡昆蟲的比喻。因為許多昆蟲有著數以千計的複眼，為牠們提供了廣闊的眼界，並可以有效地計算自身與所觀察物體的方位、距離，從而有利於複眼類昆蟲做出更快速的判斷和反應，正因為複眼的視野比較大，所以無論我們從哪個方向下手想要打蒼蠅，蒼蠅都會快一步飛離。據說有些昆蟲的複眼，甚至能夠分辨光的偏振。昆蟲的複眼，佔了整個頭部不少的面積，所以牠們是注視的天才，而「注視」，就是「直覺」的拉丁文字根。

人的眼睛每秒能分辨二十四幅圖畫，然而昆蟲的複眼則可達兩百四十幅左右。只要專心注視，就能訓練出很棒的直覺思考能力，應付千分之一秒的狀況，果斷做出對的決定。

學習當一個昆蟲學家，就是跟昆蟲學習，並且把自己當作昆蟲來研究。在注視世界的過程中，世界的問題，就變得容易了。

【哲學練習】

問題拆解後：

15

哲學家眼中的「愛」是什麼？

愛可以是決裂的，同時又是持續的。

我的，你的，他的

奧斯卡上課時，很少會使用他自己寫的書，但是有一回在討論到「愛」這個主題的時候，奧斯卡對我做概念訓練時用了「愛既是決裂的又是持續的」這個句子，就是來自於他寫的《形上學的申辯》（Apology of Metaphysics）這本書裡面其中的一篇〈愛與幻影〉（Love and Disillusion）。因為我覺得這一篇寫得實在太讚了，所以後來我只要遇到朋友為情所困，我就會把這一篇文章的原文寄給他們看，而且看過的人，無不反覆咀嚼，深受感動。

我想到奧斯卡有一次說到他的獨生子迷上拳擊，時常鼻青臉腫地回家。

「難道你不心疼嗎？」一個家有稚子的學生問奧斯卡。

「那是他的選擇啊！」奧斯卡聳聳肩說。

「就算被打死了，也沒關係嗎？」那個學生又問。

奧斯卡想都不想就回答：「如果有一天我兒子因為拳擊被打死了，那太不幸了，但是也是沒辦法的事啊！因為他的生命是『他的』，不是『我的』，我不能夠干預。」

這樣的說法，對於東方人來說，可能是不可思議吧！

我協助奧斯卡在亞洲進行兒童哲學的巡迴工作坊時，奧斯卡時常對於亞洲家長的要求覺得不可思議。

「奧斯卡老師，你勸勸我的孩子，他很懶，都不愛念書，這樣下去以後怎麼辦？」我遇到一個母親帶著孩子來接受諮商。

「妳為什麼說妳的孩子很懶？」奧斯卡問。

「因為他都不愛念書。」母親說。

「他不愛念書就是很懶嗎？」

「當然啊！他那麼聰明，如果勤快一點，成績就會名列前茅，我就不用那麼操心了。」

「妳孩子無論做什麼都很懶嗎？」奧斯卡又追問。

「沒有，他打線上遊戲的時候可勤快了。」母親輕蔑地說。

「所以他在做他自己喜歡的事情的時候，一點都不懶，不是嗎？妳為什麼說他懶呢？他只是不想做那些事啊！」奧斯卡回答。

「可是這個時代，不好好念書，以後怎麼辦？」母親反問。

「妳要我勸他好好念書，在班上考第一名嗎？」

「那是最好不過了，奧斯卡老師！」母親的臉上露出了「喔！你終於瞭了！」的欣慰神情。

「可是每一班只會有一個第一名，不是嗎？為什麼那個唯一的第一名，得是你的孩子？」

「因為他是我的孩子啊！我幹嘛在乎別人家的孩子？」母親帶著抗議的口吻辯駁。

「妳的孩子，因為是『妳的』，所以就很特別，應該要考第一名？」

「奧斯卡老師，你怎麼這樣說呢？」母親顯得很不滿。

「妳從小都考第一名嗎？」

家長拉著他的孩子，氣得掉頭就走，不肯再繼續說下去，奧斯卡則留在原地哈哈大笑，好像這是一個大笑話似的。

「我的」強烈佔有慾

「這些人真是盲目啊！」奧斯卡說，「一旦什麼東西變成『我的』，似乎就地位非凡，『我的』孩子，『我的』想法，『我的』愛情，『我的』另一半，『我的』家庭……庸俗的凡人，為什麼會蠢到以為一種東西只要屬於他們，就應該變得特別、甚至價值非凡呢？我真為他們的孩子感到悲哀！」

平心靜氣仔細想一想，就會知道奧斯卡說得一點都沒錯。「因為是我的，所以很好、很特別」並不是一種理性思維，只顯示了強烈的佔有慾。不只是人，大自然也會有這樣的現象，比如說平常很怕人的野鴨子，看到人類就會逃跑，但是當母鴨有一群小鴨子在身後的時候，卻會奮不顧身要攻擊靠近的人類。

感受固然重要，但是就像黑格爾認為感受必須要轉換成清晰、能夠用理性去思考的想法，否則我們跟螳臂擋車的母鴨有什麼不一樣？

再說，當我們說這是「我的」錯誤的時候，我們會像說「我的」孩子時，一樣奮不顧身地去愛這些錯誤，只因為他們是「我的」嗎？如果不是的話，那麼「我的」有什麼特別？

但是顯然這種理性思維，很難讓被感受沖昏理性的人接受。奧斯卡有時候在課堂上，會用一種相當激烈的方式，提醒犯這種錯誤的學生。每當課堂討論時，有學生反駁奧斯卡的理由是「因為這是我的」時，他就會突然很戲劇性地合起書本、站起身來，拿出他的小雪茄跟打火機，直直走出教室，同時宣佈：

「討論不下去了。」

「你不能這樣說，」主辦單位勸奧斯卡，「你人在亞洲，不是在法國，要委婉一點，迂迴一點，別把話說白了，讓對方感受不好。畢竟他們是付了錢來聽你說話的……」

奧斯卡一聽，笑得更加不可遏抑，模仿憤怒的家長，手上拿著鈔票，大聲說話的樣子：

「我可是付了錢的……『我的』錢啊！」

主辦單位聽得臉都垮了，臉色一陣青一陣白，我心裡忍不住笑，這才是奧斯卡啊！

享用完整的生命

另一回，有個看起來就是家教甚嚴的孩子在兒童哲學工作坊上，像機器人那樣說：

「我們要認真念書，孝順父母，以報答父母的養育之恩……」

奧斯卡眉頭一皺，把頭湊到那個孩子的臉前面：

「你為什麼要孝順父母？」

「……因為他們把我生下來。」

「這就好笑了，」奧斯卡哈哈大笑，「他們要生下你之前，**有問過你的意見嗎**？」

「當然沒有……」孩子面露疑惑地說。

「沒有問你的意見，不管你要不要，就給你的東西，你真的需要感謝人家嗎？」

孩子說不出話來。

「而且搞不好，大自然只是利用了你的爸爸媽媽，把你生出來，讓人類能夠繼續繁衍後代而已。」奧斯卡繼續說，「有沒有可能，大自然也根本沒問過你爸媽的意見？」

「嗯……好像有可能。」孩子點點頭。

「你的爸媽把你生出來以後，慢慢帶大，他們應該從你身上得到很多樂趣。我自己是三個孩子的爸爸，我知道把小孩玩大有多麼有趣。有沒有可能，你帶給他們的生命很多樂趣？」

「應該有可能。」孩子繼續點頭。

「所以如果他們沒問過你的意見，就把你生下來，在把你養大的過程中，他們又從你身上得到很多樂趣，你覺得你有欠你爸爸媽媽什麼嗎？」

「好像沒有耶！」孩子的臉上，第一次露出很放鬆的笑容。

「所以你根本不用幫他們做他們想要你做的事情，不是嗎？」奧斯卡摸摸孩子的頭，「你應該去做你自己想要做的事。因為你什麼都沒有虧欠你的爸媽。」

我永遠無法忘記，那原本充滿壓抑、不快樂的孩子，突然變得像陽光一樣燦爛，而孩子的母親，臉上露出非常複雜的神情。

那場工作坊結束以後，那孩子的母親要求孩子跟奧斯卡合照一張留念，奧斯卡欣然同意，孩子也很高興地坐在奧斯卡腿上，手勾著奧斯卡的脖子。母親在按快門之前，突然放下相機，嚴厲地跟孩子說：

「你的手不要亂放，好好放在膝蓋上。」

好不容易露出陽光般燦爛笑容的孩子，臉一下子又好像被嚴冬的風雪掃過，變回原先陰沉的樣子。

「為什麼要規定孩子手放哪裡？」奧斯卡問那位母親。

「因為我要照相啊！」母親理直氣壯地說。

「所以咧？」奧斯卡的臉一下子垮了下來。

「他是『我的』孩子，我要幫他日後留下美好的回憶啊！」母親還是渾然不覺地說。

奧斯卡嘆了一口氣，把孩子從自己腿上放下來，沒有再說什麼。

那一刻，我突然熱淚盈眶，我覺得奧斯卡比那位孩子的母親，更愛那孩子，也更了解那孩子需要什麼。我也突然明白了奧斯卡正是因為如此愛他迷上拳擊的兒子，所以才能放手，讓兒子去享用屬於他自己的完整生命，而不是表面上不在乎、無情古怪的哲學家父親。

「你難過嗎？」事後我問奧斯卡。

奧斯卡只是一如平常聳聳肩：「我不相信什麼感受有的沒的。」

過了幾秒鐘，他又轉頭向我說了一句：「**我只相信思考**。」

於是我終於明白，為什麼奧斯卡說愛可以是決裂的，同時又是持續的。

16

任何解釋都不准超過十個字

讓原本被包裝、隱形的想法被看見。

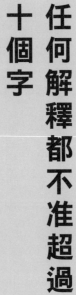

魔鬼訓練

奧斯卡以「愛既是決裂的又是持續的」作為主題，對我做個別訓練的隔天，他突然想到什麼似的，又來找我談話。

「我覺得你還有另外一個問題。」

「唉唷！」我慘叫了一聲，心裡暗暗叫苦。

奧斯卡斜眼瞧了我一眼：「我的學生是怎麼回事，每次我一開口就好像被宰的羔羊！」

聳聳肩繼續說：「記得我們拆開講『愛的決裂』跟『愛的持續』這兩個概念嗎？我覺得你的解釋不只迂迴，而且太長！」

然後奧斯卡說，他認為我應該練習解釋一件事時不超過十個字。

「我發現你在解釋時，常常用很多『因為』。」

「那不是很正常嗎？」我小力地提出抗議。

「你在說明事情的時候，應該**學習停止說『因為』**（because），人在說『因為』的時候，很明顯是在粉飾或是在躲藏。」

「那我該怎麼說話？」我覺得這根本是不可能的任務。

於是奧斯卡告訴我他女兒還小的時候，有一次他發現書桌上的水打翻，把他的筆記都弄濕了，他問女兒說：

「水是不是妳打翻的？」

女兒開始長篇大論地說：「讓我解釋，爸爸，事情不是你想的那樣，弟弟剛才跑進你書房玩，我在隔壁看書，然後……」

奧斯卡打斷女兒的解釋：

「我只是問妳『水是不是妳打翻的？』妳的答案應該是什麼？」

「應該是『是』或『不是』，爸爸。」從小受到奧斯卡嚴格哲學思考訓練的女兒，小聲地回答。

「可是妳有回答我嗎？」

「沒有。」女兒承認。

「如果妳回答我的問題，就不用說很長，只要說『是』或『不是』就夠了。為什麼要解釋那麼多呢？」

這時候奧斯卡的眼神注視在我身上，「你覺得為什麼我女兒這樣做？」

「因為她**想要隱藏事實**。」我回答。

「正是如此。」奧斯卡微笑，「所以說十個字以內就好。如果十個字說不完，表示你沒想清楚，要不然就是你在隱藏什麼。」

哲學諮商不是心理諮商

我那本收集生活當中時常聽到「似是而非」的話語，看來又要加上一個「因為」（because）——當人們在說「因為」的時候，是在粉飾或是隱藏事實。

「那這十個字要說什麼？」我問。

「基本上就兩種，對事的『資訊』（information），或是對人的『分析』（analysis）。」

「如果正在談的，不是人，也不是事，而是觀念、想法呢？」

「那就要立刻從另一個方向思考，比如說不同的『形式』（form），或是不同的『結構』（structure），不要跟著說話的人的思緒，否則就會卡住。」

「如果已經卡住了呢？」我又問。

「那就要重新聚焦（re-focus），但若發現這個新焦點，需要用很個人、很私密的角度才能進行時，就得馬上放棄。」

「為什麼不能太個人？」我繼續追問。

「因為我們在做哲學諮商的時候，不是在做心理諮商，不進入個人的私密生活領域，我們直接從內容提出來的觀念切入，也可以到達同樣的地方。不需要知道他們的生活、童年發生了什麼事、有幾個兄弟姊妹、排行老幾、跟父母的關係如何，哲學家應該只想知道人腦袋裡的思考，不會想要知道他們的人生故事。」

或許正是因為奧斯卡如此相信，所以雖然身為巴黎人，他卻很少談他自己的過去、私生活，更不會有興趣討論吃的，或是別人的情史、八卦，跟我過去認識的法國人完全不同。

奧斯卡說當一條思路不可行時，趕快放棄，去尋找另一個切入的角度，從另一個方向思考，這種壯士斷腕，避免思考卡住的方法，其實就是所謂的「問題化」，或是讓思考見風轉舵的「思角轉向」（paradigm shift），通常是從「直覺思考」，轉向到「概念思考」，簡單的辨識方法就是從原本的「我是這樣想的……」到「其他人是怎麼想的」。

按照奧斯卡的說法，這叫做「雙重視角」（double-perspective）。

一個視角由內往外看，但是另一個視角則是由外往內看。

這就解釋了，作為一個習慣「直覺思考」的人，我的中心是自己，但是奧斯卡偏好「概念思考」，他的中心總是保持在「別處」（elsewhere），這點超厲害。

難怪奧斯卡說：「如果你要學習用概念思考，就必須保持『距離』，而且要『放下』。」

說少一點，但精準一點，就是一種「放下」。

不會解釋的人，說再多也沒有用，但是會解釋的人，十個字就說完了。

為了深化，所以要簡化

我後來才知道，奧斯卡給我的這個訓練，是為了幫助我如何讓思考「深化」（deepening）。

為了深化，所以要簡化，這樣才能夠化繁為簡，**找到問題的根本**，也就是所謂的「究竟」。

而為了**一探究竟**，我需要學會精確地「解釋」（to explain）跟「詮釋」（to interpret）。

「解釋」是一種「現形」的技巧，讓原本被包裝、隱形的想法被看見，而原本就可見的想法，變得更清晰。

至於「詮釋」則是試圖解釋說話者沒有說出的話。既然沒有明白說出來，就一定會帶有價值判斷（judgment），所以沒有接受思考訓練的人，很容易「解讀錯誤」（misinterpret），「過度解讀」（over-interpret）或是「解讀不足」（under-interpret），但是我們仍然可以嘗試暫時將價值判斷跟詮釋分開，因為詮釋是必要的，如果不加以詮釋，所有的話語就只剩下字面的意思了。

奧斯卡相信「一言既出，駟馬難追」，雖然他一定沒有聽過這句中國成語。任何話語一旦被說出來以後，就像一個呱呱墜地的嬰兒，不屬於把孩子生下來的父母，也不屬於任何人，所以沒有任何人（包括說話者自己）宣稱擁有詮釋的權利。實際上，說話者圓話的動機最強，也最無法面對這些已經出口的話語，所以時常抗議自己被誤解，或是宣稱「這並非我的本意」，也因此最不應該被信任。

詮釋時也會遇到重組（reformation）的問題，就像語言翻譯的過程，因為使用的是對方並沒有使用的字眼，來賦予意義。避免這些問題最好的方法，就像學習特定運動一樣，須不斷接受訓練，反覆練習，增強技巧性。

「哲學」作為一種可以實踐、可以應用的專業能力，這些技術層面在初級階段，就包括這三個重點：

1、如何讓思考「深化」（Deepening）。

2、如何「概念化」（Conceptualizing）。

3、如何「問題化」（Problematization）。

我從跟隨奧斯卡學習開始，正是一直在反覆學習這三件事。

或許真有這麼一天，我能夠用十個字說明愛是什麼，那時我就準備好向哲學探索的路，繼續往前邁進了。

【哲學練習】

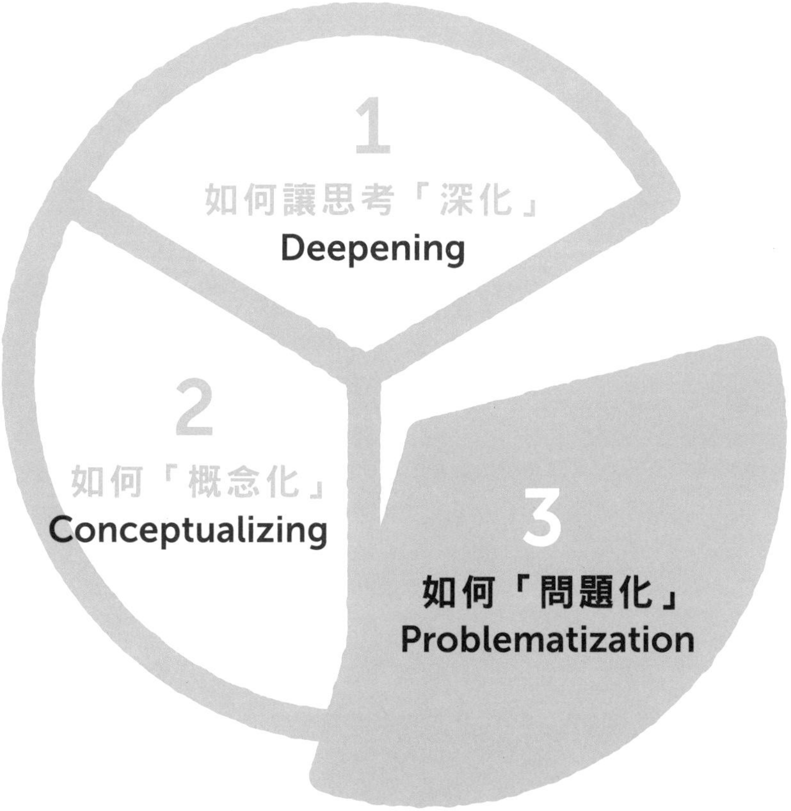
1
如何讓思考「深化」
Deepening
2
如何「概念化」
Conceptualizing
3
如何「問題化」
Problematization

17

我要帶著哲學活下去！

當我開始用哲學的複眼注視世界以後，我再度啟程⋯⋯

關鍵性的改變

一個大學生在網路上寫訊息問我，他的母親告誡他，不可以在贊成多元成家的臉書頁上按讚，因為他將來的雇主是會看應徵者的臉書，而決定是否雇用這個人，為了自己好，為什麼不「默默支持」就好，一定要「表態支持」呢？

面對自己，面對擔憂的母親，面對社會的壓力，一個大學生是知道如何為自己「申辯」？還是應該為自己的按讚「道歉」？

我的腦海裡，浮現的第一個字，就是「Parrhesia」。

去法國跟奧斯卡學習哲學以前，我會覺得這是一個好為難、好沉重的問題。但是現在的我，對於似是而非的說法，慢慢能夠辨識，以前的我，或許會說「完全要看情形決定」，但是現在的我，理解這是對自己的思考完全不負責任的說法。**說真話，是我對自己的義務**。

我因為在NGO工作遇到了嚴重的瓶頸，知道自己不停下來去學習思考，就沒有辦法繼續工作下去。

因為想要一步一步實現回到緬甸內戰的山區，重新跟武裝部隊一起思考「和平是什麼？」所以我遠道去法國哲學踐行學院，向奧斯卡學習哲學思考。

或許這是一個漫長的旅程，為了從甲地到丙地，所以必須經過一點都不順路的乙地，但是我知道，經過法國這個乙地是必要的。奧斯卡說，如果不順利的乙地是必要的，那就得說明，不能視為理所當然，所以這本書，可以說就是我的申辯。

如果要能夠回到緬甸北方，發揮貢獻，面對那一場永遠不會結束的戰爭，而不只是在無止境的努力與失望之間惡性循環，學習我從來沒有想過的哲學，是我必須要做的事。然而，無論是在世界各地的公民組織進行培力，台灣西拉雅國家風景區的產業輔導，還是推廣法國的哲學踐行學院，我都想要繼續在NGO領域，投入最好的自己，也希望透過這樣的工作，看到真實的自己。

我的「Parrhesia」就是在職涯遇到瓶頸的時候，決定正視困難，不再用每天忙碌的例行公事作為藉口，自我感覺良好，繼續做無效的工作，否則那是對自己專業的最大侮辱，而遇到瓶頸的時候，就是我學習哲學思考的「kairos」——關鍵性的絕佳時機。

發現事實

現在的我，如果不在法國哲學踐行學院，就是跟著奧斯卡在路上推行哲學踐行，也因此最近去了北京、上海、杭州、武漢四個城市。在這之前，已經有很多年沒有在中國待上一段時間，所以對於這些年的變化特別有感覺。

在新聞媒體上，不斷看到北京的老胡同幾乎都被新建築取代時，我相信屬於我的九〇年代末期的北京胡同記憶，已經蕩然無存。

所以當我預定下榻在三里屯附近的旅館時，並不抱著太大的希望。當我在夜半人潮散盡，從將台一路鑽著胡同走回三里屯，沿著酒仙橋聽到了北京胡同獨有的臉盆碰撞的漱洗聲，通過大使館區、走過日本建築家隈研吾帶領設計的太古里時，雖然跟我當年印象中頹敗的三里屯在視覺上完全不同，但是白楊樹葉在人行道兩旁隨風拍打的聲音，卻是那麼的熟悉，只要我閉起眼睛，只用耳朵來感受的話，那個我認識的老北京依然健在。

這個發現，讓我非常驚喜，很珍重地收在心底。

但是這個驚喜，隨著我往南方移動，卻漸漸成了疑惑。

到上海租界區不是應該聽梧桐樹，到杭州西湖邊上應該聽柳樹嗎？為什麼我也聽到白楊樹的聲音？到了武漢，沿著運河我還是聽到一模一樣的聲音。這跟我記憶中的江南，有著很大的違和感。

對我來說，白楊樹是屬於北方的。我去沙漠化的蒙古草原當植樹志工的時候，種的也是白楊樹。江南曾幾何時也變成白楊樹的天下？

忍不住上網查了一下，才發現**並不是我自己的想像**。

中國科學院植物研究所首席研究員蔣高明在一篇文章中說「山東鄉村的

本地樹如楸樹、楓楊、側柏、白蠟、國槐、榆樹、苦楝、梧桐、板栗、核桃、皂角、香椿、臭椿、合歡、垂柳、旱柳、紫穗槐等等，都是隨處可見的，而今幾乎被清一色的楊樹所取代了」，根據他的說法，種植速生的基因改造楊樹充其量只能說是一種「有利可圖」的綠化辦法，因為楊樹長得快（華北地區七至十年可以成材），用途又大（可以製造所謂的人造板材），但楊樹壽命短（三十年後就會進入「過熟期」），地表覆蓋率低，水土保持能力差，無法固碳，這種高密度、單一樹種的人工純林，對生態可以說是弊多於利。

這解釋了為什麼我在沙漠化的蒙古科爾沁草原種植的，也是白楊樹。因為在歷史記載中，科爾沁草原上的樹明明是松樹——原來就是因為長得快，又有經濟價值，所以原生的樹種，從北到南，從草原到城市，就都變成楊樹的天下了。

我於是意識到，許多政府推廣「只要種樹就等於環保」的觀念，實在是太過簡單，而且甚至不是事實！

比如美國加州近年日益嚴重的乾旱，就跟內華達山脈（Sierra Nevada）種太多樹有直接的關係。因為太多的樹，就像在土地上插了太多的吸管，不斷吸取水分，同時在乾旱的地方，種植生長快速的闊葉樹，進一步加速水分蒸發，所以不但沒有保護水源，還適得其反，加速加州的旱象。專家表示，如果內華達山脈的樹少一半，恢復到自然的水準，加州的缺水問題就不會那麼嚴重。

改變舊的思考

當我最近在閱讀朱迪絲・舒瓦茲（Judith D. Schwartz）的書《水：乾渴世界的希望》時，我特別喜歡她提出來的一個觀念：我們聽到「水利基礎設施」（water infrastructure）這個詞時，通常會聯想到水壩、管道、抽水站、隧道和渠道；人類巧思設計的系統。然而真正的水利基礎設施，應該是我們腳下的「土壤」。只有將土壤當作最重要的水利基礎設施，才能懂得從生態系統的角度思考，知道如何考慮水移動的方式。

水的移動，銜接了地域之間的距離。如果我們只關注降雨，比如說降雨量是否足夠，或一次下太多，就會以為我們只能聽天由命。實際上，就像舒瓦茲說的，我們談水資源時，一定必須談到土地。一個草場的土地管理不當，可能導致附近的土地出現水患。一個大陸的大氣會飄蕩到另一個大陸，空氣懸膠體的平衡狀況可以決定這裡究竟是下雨，還是一直籠罩在陰霾中。也因此，一地濫砍森林會導致其他地方的水資源減少。注意土地功能，理解水在土壤中移動的方式，才能知道為什麼水對氣候、貧窮、政治、生物多樣性有如此重要的影響。

改變舊有的思維方式，掌握土壤，改善土地留住水分、有機質、微生物的能力，提高土地因應水患和乾旱氣候的韌性，才能真正掌握水的力量。

從此以後，「白楊樹」與「土壤」對我而言，成為一種哲學上的隱喻，前一種代表的是「表象」，而後一種代表的才是「本質」。我希望對於表象，能夠像看穿外表美麗的白楊樹林那樣，不只注重表面速成的綠化，而且能夠學會看到水在土壤和岩石深層的移動，努力去明白事物的根本道理。

當我開始用哲學的複眼注視世界以後，我開始在白楊樹和土壤中看到哲學意涵，這是在上哲學課之前，完全不可想像的事。

再度啟程

當然，我不會因此說，世間萬事萬物都是哲學，那未免太過矯情。美國心理學家Abraham H. Maslow 在一九六六年一篇文章中，有一段話是後來美國人如今常用的諺語「如果你手上唯一的工具是榔頭，那麼所有事物在你的眼中就會變成了釘子。」（I suppose it is tempting, if the only tool you have is a hammer, to treat everything as if it were a nail.）我用這句話來時時提醒自己，**不能把哲學當成一切，否則就是把哲學當成了這把榔頭**。

我想起呂秋遠從律師的角度，對想要學習哲學思考的人這麼說：

「如果只有理性，那世界就只剩下對錯，看不見別人現實的『不得已』。」

如果在過去，聽到這樣的話，來自於一個只靠講究是非黑白的司法制度生存的人，我可能直覺會認為這個人不真誠，甚至說謊，但因為我了解他對哲學的愛，不只是認識他這個人，而且認識了他的思考路徑，因此辨認出這是真的。

申辯並沒能挽救蘇格拉底。蘇格拉底最終被判處死刑，飲毒而死。

哲學也不一定能夠帶來緬甸北部山區最終的和平。但在這過程當中，我對於和平是什麼，好與壞又是什麼，幸福是什麼，愛又是什麼，會有更多的理解。我想我也會慢慢地更知道我是誰，社會是什麼，知道是什麼，自由又是什麼。而我確知，在遙遠的緬甸，有一群也跟我一樣渴望知道的夥伴，在耐心地等著我有一天，帶著滿滿的問題與答案回來。

延伸閱讀

自己思考過後找到的答案，
往往跟自己有關。
這個屬於自己的答案，
當然比別人給的更特別，
更好。

＿褚士瑩

我為什麼去法國上哲學課？實踐篇

思考讓我自由，學會面對複雜的人際關係，做對的決定

作者◎褚士瑩

工作無法稱心如意，對未來茫然不知方向，到底該轉職？還是繼續忍耐熬？
你其實想大吼：人生難道不能想做什麼就做什麼嗎？
越想完美經營人脈，越抓不到重點，你有沒有想過自己對「人際關係」很貪心？
好了，現在下決心脱離舒適圈，好像自由高飛了，
但你也許在「更保守的國外」原地踏步繞圈圈……
以上問號絕對不是「跟著感覺走」就能夠得到答案，
也不是別人的答案，可以先偷來用。
你如何找到屬於自己的路？

關於作者——褚士瑩 國際 NGO 工作者。

擔任美國華盛頓特區國際金融組織的專門監察機構 BIC（銀行信息中心）的緬甸聯絡人，協助訓練、整合緬甸國內外的公民組織，包括各級 NGO 組織、少數民族、武裝部隊、流亡團體等，有效監督世界銀行（The World Bank Group）、亞洲開發銀行（ADB）及世界貨幣組織（IMF）在缺席二十多年後重回改革中的緬甸，所有的貸款及發展計畫都能符合財務正義、環境正義，以及其他評量標準，為未來其他各項金融投資進入緬甸投資鋪路。

回台灣的時候，他跟在地的 NGO 工作者，一起關心客工、新移民、部落、環境、教育、社區營造、農業、自閉症成人、失智症家屬的支持等，希望更多優秀的人才能夠加入公民社會，這個領域的專業人才能夠一起做得更好。

我為什麼去法國上哲學課？

擺脫思考同溫層，拆穿自我的誠實之旅

褚士瑩——著

出版者—大田出版有限公司
台北市 10445 中山北路二段 26 巷 2 號 2 樓
E-mail：titan@morningstar.com.tw　http：//www.titan3.com.tw
編輯部專線：(02) 25621383
傳真：(02) 25818761
【如果您對本書或本出版公司有任何意見，歡迎來電】

總編輯——莊培園
副總編輯——蔡鳳儀
行銷編輯——陳映璇 / 黃凱玉
行政編輯——林珈羽
校對——金文蕙 / 黃薇霓 / 鄭秋燕
封面裝幀．內頁設計——木木 lin

初版——二〇一七年（民 106）十月一日
七刷——二〇二一年（民 110）四月十五日
定價——280 元
印刷——上好印刷股份有限公司 (04)23150280
國際書碼——ISBN：978-986-179-503-4　CIP：107/106013619

總經銷——知己圖書股份有限公司
台北——台北市 106 辛亥路一段 30 號 9 樓
TEL：（02）23672044 ／ 23672047　FAX：（02）23635741
台中——台中市 407 工業 30 路 1 號
TEL：（04）23595819　FAX：（04）23595493
E-mail：service@morningstar.com.tw
網路書店——http://www.morningstar.com.tw
郵政劃撥——15060393　戶名：知己圖書股份有限公司

法律顧問：陳思成